EL IMPERATIVO MORAL DEL CRECIMIENTO ECONÓMICO

COLECCIÓN
arbor

EL IMPERATIVO MORAL DEL CRECIMIENTO ECONÓMICO

Una visión de una sociedad libre y próspera de individuos responsables

Tyler Cowen

Traducción al español por Gonzalo Schwarz

eFYL
EDITORIAL FE Y LIBERTAD

Editorial Fe y Libertad
302 NW 179th Ave., Suite 201
33029 Pembroke Pines FL, USA

El imperativo moral del crecimiento económico /
Tyler Cowen – 1ª. ed.
ISBN 978-1-7330493-1-3

CONTENIDO

Resumen

El crecimiento es bueno. A lo largo de la historia, el crecimiento económico ha remediado la miseria humana, ha hecho más felices a las personas y les ha dado oportunidades de crecimiento, además de prolongar sus vidas. Las sociedades más ricas son más estables, ofrecen un mejor nivel de vida, producen mejores medicinas y logran que las personas tengan mayor autonomía, más fuentes de satisfacción personal y más formas de diversión. Pero si queremos apoyar el crecimiento económico y sus beneficios claramente positivos, las personas deben estar más preocupadas por el bienestar de quienes lo rodean.

Luego de veinte años de investigación y reflexión, Tyler Cowen proporciona una guía para avanzar en el logro de la prosperidad. En este nuevo libro, *El imperativo moral del crecimiento económico: Una visión de una sociedad libre y próspera de individuos responsables*, Cowen sugiere que nuestro sentido común y nuestra capacidad de razonamiento nos pueden liberar de las ideas erróneas que nos frenan como personas y como sociedad. En esencia, *El imperativo moral del crecimiento económico* plantea una defensa moral del crecimiento económico, y al hacerlo inyecta una gran dosis de inspiración y optimismo a las posibilidades que nos depara el futuro.

Reconocimientos

El autor desea agradecer a Agnes Callard, Bryan Caplan, Patrick Collison, David Gordon, Robin Hanson, Daniel Jacobson, Kevin McCabe, Sarah Oh, Meg Patrick, Derek Parfit, Hollis Robbins, Tom Round, Amni Rusli, David Schmidtz, Alex Tabarrok, Larry Temkin, participantes en un seminario en la Universidad de Pennsylvania, Kevin Vallier, y a varios comentaristas de artículos relacionados con este trabajo, por todas las discusiones y comentarios. El Mercatus Center proveyó asistencia de investigación importante. Agradecimientos especiales para mi agente, Teresa Hartnett, a Brianna Wolfson por su trabajo en la parte de publicación, a Tyler Thompson y Kevin Wong por el diseño del libro; a Rebecca Hiscott por la edición, y a Patrick Collison por su interés en publicar este libro a través de Stripe.

El autor

Tyler Cowen es Holbert L. Harris Professor en la Universidad George Mason y Director del Mercatus Center. Recibió su doctorado en economía de la Universidad de Harvard en 1987. Su libro *The Great Stagnation: How America Ate the Low-Hanging Fruit of Modern History, Got Sick, and Will (Eventually) Feel Better* llegó a ser un *best seller*, de acuerdo al New York Times. Es considerado uno de los economistas más influyentes de la última década, según una encuesta llevada a cabo por *The Economist*, y hace algunos años *Bloomberg Businessweek* lo llamó «el economista más importante de Estados Unidos». La revista Foreign Policy lo incluyó en entre los 100 mejores pensadores del mundo, en 2011. También es coautor del blog marginalrevolution.com, dirige un podcast llamado «Conversations with Tyler», y ha cofundado un proyecto educativo en línea sobre economía, mruniversity.com. Su libro más reciente es *The Complacent Class: The Self-Defeating Quest for the American Dream.*

PRESENTACIÓN

En octubre de 2018, Tyler Cowen publicó *Stubborn Attachments: A vision for a society of free, prosperous and responsable individuals*. Les presentamos aquí el texto traducido al español, gracias a los buenos oficios de su exalumno en el programa de maestría de economía de la Universidad de George Mason, Gonzalo Schwarz. El doctor Cowen imparte los cursos de economía financiera, teoría monetaria y economía de bienestar. Cowen también estudió su licenciatura en George Mason y posteriormente obtuvo su doctorado en la Universidad de Harvard (1987).

Su tesis doctoral versó sobre los economistas de bienestar. Seguramente Cowen fue expuesto al icónico texto de economía por Paul Samuelson, el cual sirvió de referente en facultades de economía por treinta años, a partir de 1948. Samuelson, innegablemente un adepto del marco teórico de la economía de bienestar, elaboró sobre la falla de mercado de los bienes públicos. En 1991, contando con escasos 29 años, Tyler Cowen publicó *Public Goods and Market Failures: A critical examination.* Coincidentemente, ese fue el libro que atrajo a mi atención hacia este joven economista. Cowen escribió sobre una serie de perspectivas críticas del arraigado enfoque del fallo de mercado. Probablemente no era la primera vez que ponía en evidencia su afán por protagonizar elevados debates, haciendo gala de argumentos creativos y un tanto peculiares o inesperados. Quería que sus lectores supiéramos lo que otros profesores callaban: que los mercados solucionan problemas de bienes públicos y de externalidades de formas sorprendentes.

Unos años más tarde, en 2003, Tyler Cowen visitó Guatemala. Fue uno de los conferenciantes de un seminario interuniversitario organizado por el Centro para el Análisis de las Decisiones Públicas del Instituto de Estudios Políticos y Relaciones Internacionales. Además de dictar unas conferencias magistrales, Cowen prescindió de todas las precauciones que usualmente toman los turistas estadounidenses en América Latina. Visitó aldeas en busca de obras para enriquecer su colección de arte primitivista y compró especies exóticas en el mercado. Así percibimos que es un hombre renacentista: le interesa el arte, la cocina, la ciencia y muchos otros temas, además de la economía. ¡Hasta publicó una guía de los restaurantes de comida étnica en los alrededores de Washington, D.C.!

Sus aventuras en Guatemala ilustraban, vivamente, las ideas que expresó en su libro publicado en 2004: *Creative Destruction: How Globalization Is Changing the World's Cultures*. Por ese entonces, eran comunes las protestas contra la globalización. Encarando a estos manifestantes, Cowen les exhorta a reconocer los beneficios implícitos en el trasiego de conocimientos de un lugar a otro. Además de recordarles que la globalización es una práctica milenaria que enriquece más de lo que destruye, Cowen dio ejemplos concretos de cómo el comercio intercultural ha impactado positivamente nuestras vidas.

En agosto de 2003, Tyler Cowen lanzó el blog *Marginal Revolution* junto con Alex Tabarrok. Posteriormente crearon un programa educativo en línea que se llama *MRUniversity.* Los alunamientos, las diferencias entre la economía estadounidense y canadiense, y el temor de algunos pueblos africanos a los alimentos genéticamente modificados son algunos de los diversísimos temas que este dúo dinámico aborda en su popular blog. En 2019, Prateek Agarwal de *Intelligent Economist* hizo una lista de los cien blogs de economía más visitados y *Marginal Revolution* sale hasta arriba de la lista de sitios que cubren temas generales. *Onalytica* lo coloca en el tercer puesto e *Inomics* en quinto lugar.

«Tyler Cowen se sienta con un jugo de arándanos y una pila de libros que ya no piensa leer», empieza el artículo por Brendan Greeley en *Bloomberg Businessweek* (2011) que cataloga a Cowen como el economista más popular de Estados Unidos. Y como un simpático genio, casi autista, que lee vorazmente. No cabe duda de que, a estas alturas de su carrera, Cowen es influyente. Ese año publicó un libro que causó sensación: *The Great Stagnation: How America Ate All the Low-Hanging Fruit of Modern History, Got Sick, and Will (Eventually) Feel Better*. Ese título, largo y enredado, es típico de Cowen. Provocó sendos debates tras sugerir que la economía de Estados Unidos se había desacelerado porque el ritmo y la calidad de la innovación decrecía. Ahora hay menos destrucción creativa que en generaciones pasadas —escribió—, y, por ende, menos empleos nuevos.

En 2017 publica otro polémico libro, *The Complacent Class: The Self-Defeating Quest for the American Dream*. Sigue pensando que la economía estadounidense está estancada. Esta vez argumenta que sus compatriotas viven segmentados según su nivel socioeconómico en un estado de complacencia y evitando el riesgo.

Esta descripción de Tyler Cowen sirve para comprender las diversas rutas que recorrió su pluma antes de concebir *El imperativo moral del crecimiento económico*. El crecimiento económico es un «imperativo moral» porque las personas importan.

Es evidente que «las sociedades más ricas son más estables, ofrecen un mejor nivel de vida, producen mejores medicinas y logran que las personas tengan mayor autonomía, más fuentes de satisfacción personal y más formas de diversión», escribe el economista. Suena, a primera oida, como un argumento de imperialismo económico llanamente utilitario. Estamos acostumbrados a leer que hemos de preferir la libertad económica porque es el sistema que mejor funciona. Punto. Sin embargo, Cowen se aleja de ese discurso. Elabora unas explicaciones desde la ética y la filosofía, también, salpicando aquí y allá unas ilustraciones desconcertantes que parecen ciencia ficción…; como, por ejemplo, la sugerencia que Adolfo Hitler pudo no haber nacido. Cowen se esfuerza por escabullirse del individualismo a rajatabla que se asocia con el enfoque libertario, repitiendo una y otra vez que somos seres sociales e interdependientes.

No le interesa la riqueza *per se*; no quiere acumular monedas de oro en una bóveda secreta. Le interesa el bienestar integral de las grandes masas, de las personas que están vivas ahora y las que vivirán dentro de 500 años. Habla de un bienestar que trasciende lo material e incluye el tiempo de ocio y el cuidado del ambiente.

Algunos lectores pueden considerar el esfuerzo emprendido por Tyler Cowen en este libro como simplista y obvio, sobre todo los abogados de la libertad. Otros lectores, indiferentes a los discernimientos de la llamada ciencia triste, pensarán que el autor es necio. Cowen puede sonar tan apasionado como el mercader del Evangelio de Mateo (13, 45-6), quien buscaba perlas y vendió todo lo que tenía para comprar una perla de inmenso valor que había encontrado. Cowen encontró su perla valiosa: aquella que los economistas, obsesionados por la categoría praxeológica de la escasez, consideran imposible de encontrar: «un almuerzo gratis». Escribe: «el economista Frank Knight escribió sobre la planta crusoniana, un cultivo (mítico) que crece automáticamente y genera más producción en cada período. Si se siembran las semillas, la planta simplemente crece por sí sola; no hay que regarla o cuidarla». Una sociedad que crece a un ritmo a la vez elevado y sostenible, generando beneficios para las personas de hoy y del futuro, es una planta crusoniana. Es una perla.

¿En qué se relaciona la temática de este libro con la misión del Instituto Fe y Libertad? El efectivo combate a la pobreza es una obligación cristiana y una cruzada sin tregua para el Instituto, dado que nuestra misión es impulsar el florecimiento humano promoviendo la libertad individual y los principios judeocristianos. Querríamos poder identificar esa planta crusoniana, si es que existe, capaz de elevar el bienestar de todos los habitantes del planeta, de forma digna y sostenida. Debemos subrayar la obviedad de que la pobreza es el estado natural del hombre, y que la riqueza se crea. Unos conjuntos de instituciones permiten salir de la pobreza más que otros. Década tras década, los países de América Latina perdemos tiempo valioso, y provocamos niveles de pobreza y muertes innecesarias, cuando ponemos barreras que impiden el despegue de nuestras economías. Algunos frenos obedecen a buenas intenciones y a cuestionamientos morales; otras tienen su origen en malentendidos sobre cómo funcionan los mercados, y otras nacen de un lugar obscuro en el corazón de los hombres, como la envidia, el rencor o el odio al otro.

En Guatemala, por ejemplo, pese a gozar de un crecimiento económico modesto y estable en los últimos años, alrededor de 8.7% de la población vive en extrema pobreza y casi la mitad de la población total viven con menos de USD 5.50 diarios, según el Banco Mundial. Debido a la crisis social y económica que causó la pandemia del COVID-19, la economía nacional decrecerá casi 2% en el 2020. Muchos otros países de América Latina enfrentan un panorama igual de desesperanzador. Mientras los gobiernos alrededor del mundo se enfocaron en prevenir la pérdida de vidas humanas por contagio del coronavirus, el colapso económico que aconteció después del cierre forzoso de los mercados, se cobró sus propias vidas y empresas. ¿Dónde está esa planta crusoniana que aliviará los graves problemas que afrontan nuestros compatriotas hoy?

Cowen es un pensador original. Quizás ningún miembro del Instituto ha usado una línea argumentativa similar a la que desarrolla en este libro para exaltar las bondades de las economías libres. Y quizás no estemos todos de acuerdo con su método o su estilo. Podríamos preferir posturas más imbuidas de la teología y filosofía cristiana. Sin embargo, sí compartimos su inquebrantable defensa de los mercados no intervenidos, y de la importancia de la libertad para llevar vidas dignas, responsables y llenas de sentido. Y por eso, aceptamos su invitación a entrar en diálogo con él. Y tradujimos su obra.

América Latina se quedó estancada en las promesas de los modelos de industrialización por sustitución de importaciones, de dependencia, de socialismo del siglo XXI y otros esquemas progresistas. Todos esos modelos ensayados nos empobrecieron en vez de aportar el bienestar. Tenemos que revolucionar nuestros paradigmas mentales sobre las causas de la pobreza y la riqueza.

El Instituto Fe y Libertad agradece el aporte financiero de la Atlas Network, que hizo posible la traducción y publicación de este proyecto. Agradecemos también el dedicado trabajo de traducción por Gonzalo Schwarz, quien sacó tiempo para esta tarea, mientras simultáneamente enfrentaba las exigencias de ser presidente y CEO del Archbridge Institute, un centro de investigación que realiza estudios multidisciplinarios, académicos y de políticas públicas, para comprender las barreras artificiales y naturales al florecimiento humano y la movilidad social.

Lo invitamos a usted, amable lector, a aceptar el reto que nos lanza este libro para pensar más profundamente sobre cómo hacer florecer nuestras sociedades de una forma sostenida.

Carroll Rios de Rodríguez
Presidente
Instituto Fe y Libertad

PRÓLOGO

A primera vista, nadie, en su sano juicio, negaría que el crecimiento económico es bueno, positivo y deseable. Quienes así piensan parten de unos supuestos aun más evidentes: que, en general, el crecimiento es una exigencia natural: «o crece o muere», decían los antiguos. También parten de la idea de que el dinero, que no es un fin en sí mismo, es un medio indispensable para conseguir los recursos que necesitamos para vivir, y para vivir bien. En tercer lugar, que lo que se dice de una persona puede extenderse a toda una comunidad (advertimos que no creemos cometer la falacia de la composición). Uniendo en una sola afirmación los supuestos anteriores, podemos afirmar, entonces, que «para crecer y prosperar como seres humanos necesitamos dinero, recursos económicos». Y podríamos añadir, a manera de analogía, «el dinero es como el agua: algo indispensable para vivir».

Puestas así las cosas, las objeciones comienzan a aparecer. «¿Que el dinero es como el agua? Tampoco hay que exagerar. Es obvio que sin agua nos morimos; pero sin dinero…, si mucho somos pobres». Ya salió la famosa palabra: «pobre». ¿Es malo ser pobre? Vienen a nuestra memoria las palabras evangélicas: «Bienaventurados los pobres de espíritu…». Sí. Y, además: «los ricos no entrarán en el reino de los cielos» (el rico Epulón todavía arde en el infierno). ¿Entonces? Empiezan aquí los «distingamos» escolásticos: una cosa es la pobreza entendida como ausencia de los bienes (necesarios) y otra cosa es la pobreza como virtud. Seguramente, Jesucristo pedía que sus discípulos fueran pobres de espíritu, que no fueran ambiciosos, que no pusieran su confianza en el dinero; pero todos necesitamos comer, vestirnos, transportarnos con cierta facilidad. Jesús no rechazaba a los ricos, como Nicodemo o José de Arimatea. Pero les pedía que emplearan bien su dinero, que fueran generosos. Claro está que, en ocasiones, pide un desprendimiento total, como a aquel joven rico que quería seguirlo. «Si quieres ser perfecto, anda y vende todo cuanto tienes, dáselo a los pobres y después ven y sígueme». De aquel joven no sabemos ni su nombre, porque estaba apegado a sus riquezas. En cambio, el Hijo del Hombre «no tenía en dónde reclinar su cabeza», y vivía plenamente confiado en su padre Dios, que detesta a quienes idolatran a Mamón.

Pero la pobreza —como toda virtud— no puede ser impuesta. Soy yo quien debo elegir vivir desprendido y ser generoso con mis bienes. Ser pobre no es no tener cosas, sino tenerlas y tratarlas como lo que somos: administradores de Dios. Sucede algo semejante a la mujer, buena esposa y madre, que Kant pone como ejemplo en la *Fundamentación de la metafísica de las costumbres*. Todos la alaban porque nunca ha cometido una falta, porque es fiel, esforzada, apoya en todo a su marido, excelente madre, buena anfitriona...; pero ¿será así porque le gusta que la alaben, o porque, superando sus inclinaciones «naturales» decide cumplir con la ley? Pues ya se entiende: si vemos a alguien que no tiene nada, no podemos decir que sea «pobre», hasta no saber cómo se comportaría si un día se ganara la lotería. El punto es que la virtud no se puede forzar. Sin libertad, no hay virtud. Y si no podemos elegir, no hay libertad. Así de sencillo.

Ahora bien, ¿los argumentos anteriores nos permiten concluir que «debemos» crecer económicamente? Es decir, ¿estamos todos moralmente obligados a crecer económicamente? No parece que sea así. Es claro que para ser bueno no hace falta tener dinero. Puede darse el caso de que alguien, teniendo familia, esté obligado a darles recursos económicos. Pero entendemos que esa es una obligación derivada de un compromiso que lleva implícito proveer bienes materiales. Pero formar una familia no es una obligación general.

Viendo las cosas desde otro ángulo, podemos preguntarnos si es obligación de los gobernantes promover el crecimiento económico. Aquí sí, la respuesta parece innegable: «¡por supuesto que sí! Es casi su primera obligación» (con la excepción, posiblemente, de promover la paz y la unidad de la comunidad política).

Permítaseme una digresión lingüística. En español, no es lo mismo decir «el imperativo moral del crecimiento económico» que «el crecimiento económico como imperativo moral». Mientras que la primera estructura genera ambigüedad, la segunda no deja lugar a dudas. Si tomamos el primer título en el sentido genitivo («la maldad *del* hombre», por ejemplo), alguien podría entender que con ella nos estamos refiriendo a que todo crecimiento económico tiene imperativos (restricciones, obligaciones) morales; que para que sea aceptable, el afán de tener dinero, de crecer económicamente, debe estar supeditado a los valores del espíritu. O bien, lo más común hoy en día: «crecimiento sí, pero para distribuir con justicia». Ese sería el imperativo moral del crecimiento económico.

Desde luego, Tyler Cowen está lejos de esta visión de las cosas: para repartir, dirá, antes hay que producir, antes hay que crecer. «La misma excusa», se escucha repetir a los del otro equipo. «La ambición no tiene límite. Se busca siempre crecer, crecer y crecer, y se olvidan de los pobres. Su lema parece ser "cada uno preocúpese de sí mismo"». ¿Se ve por que los críticos del capitalismo señalan que concentrarse en la producción nos vuelve egoístas y ambiciosos? «Crecimiento sí, pero regulado», sostienen. «Desde luego, mejor sería la autorregulación; pero está visto que los ricos siempre quieren más y que, si acaso se preocupan de los demás, es por pura conveniencia. Claro, no estamos diciendo que los ricos no puedan salvarse; pero, desde luego, nadie niega que el dinero es una fuerte tentación».

La conclusión que puede obtenerse hasta aquí, entonces, es que el crecimiento económico es bueno siempre y cuando ese dinero, esos bienes que se producen, se distribuyan con justicia. Las desigualdades que tenemos en nuestro siglo son verdaderamente escandalosas. Si producir y crecer nos va a llevar a esas formas de despreocupación por nuestros hermanos, no quiero crecer. Crecer, para mí, es crecer como persona, creyente, solidaria, caritativa.

Pero Cowen entiende que el crecimiento económico es una exigencia moral... Me parece que es tanto como decir que «si usted es cristiano, debe estar a favor del capitalismo, que es el sistema que más promueve el crecimiento económico»; o simplemente, sin invocar la religión, «si usted se considera una buena persona, tiene la obligación moral de fomentar el crecimiento económico». Me parece que ya oigo los «*non sequitur!*». Del hecho de ser cristiano se sigue la obligación moral de amar a Dios sobre todas las cosas y al prójimo como a uno mismo. Pero el contenido de ese amar ha quedado a la libre discusión de los hombres. Unos creen, como el autor de este libro, que no puedo amar al prójimo si no me preocupo por su bienestar material («porque tuve hambre y me diste de comer...»), mientras que otros piensan que es mi obligación moral hacer que las personas no piensen tanto en el dinero... El punto es que se puede ser bueno de muchas formas. Lo que es obvio es que para ser cristiano no tengo que ser capitalista.

Por otra parte, crisis a nivel mundial, como la pandemia de Coronavirus de 2020, hacen que muchos se pregunten por el sentido del desarrollo económico. Las dudas y las posiciones son muy variadas. Por un lado, hay quienes sostienen que lo más importante es salvar vidas humanas y cuidar a los más débiles; que los bienes materiales y el dinero deben estar al servicio de la vida. La posición contraria afirma que sin desarrollo económico no hay vida; que hay que dejar obrar a la naturaleza y que un virus no puede condicionar nuestra vida. A mi parecer, ambas posiciones son respetables. Aunque siempre he dicho que la vida no es el valor supremo (no se trata de vivir simplemente, sino de vivir bien), es obvio que cuidar de nuestras vidas es un imperativo moral. Si quiero luchar por un ideal, debo cuidar de mi vida y mi salud…, hasta cierto punto. El equilibrio no es fácil. Lo que parece claro es que el desarrollo económico no puede ser un fin en sí mismo.

¿Y qué decir de la redistribución de la riqueza? En mayor o menor medida, la riqueza se distribuye en todos los Estados. La pregunta, por lo tanto, no perece ser si la redistribución es justa, sino hasta qué punto es justa. Pero sucede que no pueden darse cifras exactas, ni porcentajes. La doctrina ética clásica habla de la justicia distributiva, propia de quienes son los principales responsables del bien común, como aquella que distribuye las cargas (impuestos) y los beneficios (salud, infraestructura, educación). ¿Cuál es la justificación para esta redistribución? Se indicó antes: el bien común. Subyace aquí el supuesto de que, sin intervención de una autoridad, prevalecería la ley del más fuerte.

Lo que un querido amigo llamaba «la batalla moral» en pro del desarrollo económico sigue librándose. Esta batalla no se gana mostrando que el capitalismo es más eficiente que los sistemas económicos intervencionistas y que eso lo justifica moralmente. No. La justificación moral de cualquier ideología, sistema económico o político es el bien del hombre, su florecimiento. El ser humano encuentra formas de realización muchas veces insospechadas. Es más fácil, quizá, decir en dónde no se encuentra la felicidad y el bien para el hombre. Perdemos de vista nuestro ideal cuando confundimos medios y fines, cuando perdemos de vista el porqué hacemos lo que hacemos, cuando dejamos de participar en los bienes humanos fundamentales y vivimos solo dedicados a alcanzar las metas que la sociedad nos señala... Siguiendo a Germain Grisez, podemos decir que, si queremos ser buenas personas, debemos participar, entre otros bienes, en la vida, el conocimiento especulativo, la experiencia estética, el trabajo, la amistad, el juego. Y para ello necesitamos bienes económicos, o tal vez no...

Moris Polanco
Guatemala, 18 de abril de 2020

1

INTRODUCCIÓN

Ya no sabemos a dónde conducir nuestro mundo; hemos perdido el rumbo, no solo en lo accidental, sino también en lo fundamental. Debemos volver a los principios, pero no siempre tenemos claridad sobre esos principios. Nos hemos alejado de los ideales de una sociedad basada en la busca de prosperidad y en los derechos y libertades del individuo, y no hemos sabido encontrar el camino para volver a esos ideales.

Parece muy simple: prosperidad y libertad individual. ¿Quién podría oponerse a eso? En teoría, poca gente se atrevería a hablar en contra de esos valores; pero en la práctica, nos alejamos de ellos todo el tiempo. Perseguimos muchos otros valores que deberíamos ignorar o simplemente rechazar. Necesitamos desarrollar un compromiso con la prosperidad y la libertad más firme, fuerte y permanente. Las implicaciones que conlleva este compromiso tal vez lo hagan dudar en la práctica, o quizás se resista al absolutismo moral que se requiere para sacarlo adelante. Sin embargo, estos valores —buscados de manera puntual y no imprecisa— tienen una gran importancia para nuestra civilización, y si nos adherimos a ellos, pueden aportar un enorme beneficio a nuestro mundo.

Pero ¿cómo sabemos qué bienes deberíamos buscar, y cómo jerarquizarlos? ¿Cómo decidir entre valores morales opuestos? Estas preguntas —que pueden parecer triviales— tienen una gran importancia vital.

Antes de considerar cómo tomar esas decisiones, primero quisiera presentar más fundamentos sobre mi posición filosófica fundamental y cuál quisiera que fuera mi aporte.

Doy por sentado que, aunque sea en principio, las preguntas sobre el bien y el mal tienen una respuesta. Hay que admitir que existen muchas áreas grises importantes en temas morales, pero como dirían muchos filósofos, el bien y el mal son casi «hechos naturales». En términos concretos: existe un bien absoluto y un mal absoluto. El relativismo no tiene lugar en mi modelo, y creo que los que se llaman a sí mismos relativistas no son sinceros. En el fondo, los relativistas todavía creen que pueden distinguir entre el bien y el mal; si no crees que esto es así, solo obsérvalos cuando enseñan algo a sus hijos, o mejor aún, cuando critican a sus colegas.

Habiendo dicho esto, no voy a perder el tiempo aquí debatiendo exactamente qué significan los conceptos de bien y mal, si vienen de Dios, o si siempre tenemos razones adecuadas para actuar de forma moral. No voy a considerar la Metaética, el estudio del origen y el significado de los conceptos éticos. En su lugar, voy a simplemente dar por hecho que los conceptos de bien y mal tienen un sentido fundamental. Aunque no suscribas esta forma de ver las cosas, podrás situar muchos de mis argumentos dentro de tu postulado ético alternativo preferido.

En algunos casos concretos, es muy difícil discernir qué camino es el correcto. La persona escéptica es subvalorada, especialmente en el ambiente político tan polarizado en el que vivimos, donde cada bando está convencido de que está en lo correcto y que el otro bando siempre está equivocado. La ciencia es nuestro principal camino al conocimiento, pero muchas veces no sabemos cuál es el camino correcto. *A fortiori* para las ciencias sociales y la macroeconomía podría bien estar en la cima de la montaña de nuestras limitaciones epistemológicas. Entonces, cuando consideramos el mundo de la política, no deberíamos entrar en el juego de armar una coalición de personas que piensan como nosotros, derrotando a las coaliciones de nuestra competencia, y luego implementar leyes que ya sabemos que son las mejores. Ese es un método popular y que nos hace sentir bien con nosotros mismos y nuestra supuesta superioridad, pero no es algo acertado. Necesitamos ser más humildes cuando se trata del conocimiento que creemos que tenemos.

Los filósofos David Hume y William James entendían lo pequeña que es la mente humana comparada con lo enorme que es la naturaleza y la sociedad en su conjunto, y enfatizaban lo irracional que podría ser la mente humana cuando tiene que hacer frente a los problemas cotidianos. Si queremos construir principios fundacionales para la política, necesitamos concebirlos mediante métodos que tomen en consideración el error humano, la tendencia desenfrenada hacia la autodecepción, y que trasciendan nuestras propias tendencias hacia el pensamiento excesivo de pensar que todo es «nosotros contra ellos».

Al mismo tiempo, necesitamos creer en doctrinas que nos proporcionen la base de un orden político y social. No sería muy útil una doctrina filosófica perfeccionada pero que nadie acepta. Reconciliar la necesidad de hacer compatibles el escepticismo y la fe es una de las tareas más complejas para cualquier filosofía. Si realmente somos escépticos, ¿cómo podemos creer en cualquier cosa que tenga una importancia real? Planteando la pregunta de otra manera: ¿cuáles deberían ser los papeles de la razón y la fe de aquí en adelante?

Por otra parte, sostengo que el pluralismo es una intuición moral esencial. Lo que es bueno sobre la vida de un individuo no puede ser reducido a un único valor. No se trata solo de la belleza, o solo de la justicia, o solo de la felicidad. Las teorías pluralistas son más asequibles, ya que postulan diversos valores importantes como el bienestar humano, la justicia, la equidad, la belleza, los picos artísticos alcanzados por las personas, a misericordia, y ciertamente varios tipos de felicidad. ¡La vida es compleja! Esto quiere decir que ningún valor por sí solo está por encima o es superior a los otros valores todo el tiempo, y por lo tanto la naturaleza del bien tiene un desorden esencial. El reconocimiento de este desorden puede en principio parecer inconsistente con la afirmación de los ideales absolutos de prosperidad y libertad; pero el reconciliar esa aparente inconsistencia va a ser un tema central de este libro.

A veces mis colegas economistas sostienen que «satisfacer las preferencias de las personas» es el único valor que importa, porque a su parecer ese valor abarca todos los demás. Pero ese enfoque no funciona. No es lo suficientemente plural, ya que también importa si nuestra sociedad en su conjunto incluye estándares de justicia, belleza y otros valores. «Lo que nos satisface» es una definición incompleta del bien, pues muchas veces juzgamos las preferencias de las personas utilizando valores que van más allá de dichas preferencias. Utilizando un ejemplo extremo, cuando condenamos a un hombre que le pega a su esposa, ¿debemos realmente calcular si el sufrimiento de la víctima es mayor al placer que experimenta el agresor? Yo creo que no. Adicionalmente, si las personas están mal informadas, confundidas o son simplemente inconsistentes con sus preferencias —como somos nosotros mismos de vez en cuando— la noción del «qué queremos» no siempre es tan clara. Por lo tanto, aunque soy un economista, y voy a utilizar a lo largo del libro argumentos de economista, no siempre estoy alineado con el enfoque normativo de mi disciplina, el cual pone mucho énfasis en satisfacer preferencias a expensas de otros valores éticos. Necesitamos darle más cabida a la justicia y a la belleza.

A veces me autodenomino «dos tercios utilitarista,» ya que al analizar políticas públicas siempre considero primero el bienestar humano. Si una política afecta el bienestar humano, tiene que justificarse. Si «hacer lo correcto» no crea continuamente un mundo mejor en términos de bienestar, deberíamos preguntarnos si nuestro concepto «hacer lo correcto» tiene sentido. Habiendo dicho eso, el bienestar humano no siempre es una prioridad absoluta —y por eso la referencia a mi broma a medias sobre mi utilitarismo de dos tercios—. A veces debemos hacer lo que es verdaderamente justo, aun cuando pueda ser doloroso para muchas personas. No debería nadie forzarte a entregar uno de tus riñones simplemente porque puedes sobrevivir sin él y alguien más lo necesita. No deberíamos acabar con la civilización simplemente para hacer lo que es justo, pero la justicia a veces está por encima del utilitarismo. Y la justicia no puede ser reducida a lo que nos hace felices o satisfaga nuestras preferencias.

En resumen, mis puntos de partida filosóficos son los siguientes:

«Bien» y «mal» son conceptos muy reales que deberían poseer una gran fuerza.

Debemos ser escépticos acerca de los poderes de la mente humana.

La vida humana es compleja y ofrece muchos bienes, no solo uno que está por encima de los demás bienes.

Con esto en mente, pasemos ahora a la pregunta sobre la toma de decisiones. Cuando se trata de decidir, veo muchas preguntas claves tanto para el individuo como para la sociedad. ¿Por qué preferir una opción sobre otra? ¿Hasta qué punto tenemos razones apropiadas para elegir unas preferencias sobre otras? ¿Exactamente, qué decisiones deberíamos tomar?

Para responder a estas preguntas, voy a tomar en cuenta seis factores claves, y cada uno de ellos nos ayudará a resolver conflictos de valores:

Tiempo

¿Cómo deberíamos ponderar los intereses que tenemos en el presente frente a aquellos en un futuro distante? Esto se relaciona a una pregunta más metafísica: ¿tenemos razones legítimas para valorar más al presente frente al futuro simplemente porque es el aquí y ahora? ¿Deberíamos aplicar el enfoque económico de la tasa de descuento intertemporal que sugeriría que la importancia moral del futuro disminuye al transcurrir el tiempo y en proporción aproximada a las tasas de interés de mercado? (Yo digo que no.) Esta es una pregunta clave para tener en consideración cuando decidimos cuántos recursos deberíamos comprometer para hacer de nuestro mundo un mejor lugar en el futuro.

Agregación

La agregación se refiere a cómo resolvemos desacuerdos y como decidimos que los deseos de una persona deberían prevalecer sobre los de otra. Un ejemplo muy simple: si su hija quiere ver anime japonés en la televisión y su hijo quiere ver un programa de Disney, ¿el deseo de quién debe prevalecer? Si John quiere una mayor desigualdad de ingreso, pero Cecilia no, ¿bajo qué criterio deberíamos elegir una preferencia sobre la otra?

En economía hay respuestas muy reconocidas a estos dilemas, como por ejemplo los teoremas de imposibilidad de Arrow y Sen que sugieren que los problemas de agregación son muy difíciles de resolver y más aún, tal vez no tienen solución. Muchos críticos toman estos teoremas como evidencia de que no podemos decidir racionalmente quién debería prevalecer cuando la gente discrepa. Sin embargo, debemos resolver estos conflictos de preferencias casi todos los días de nuestras vidas, por lo que no podemos escondernos detrás de un nihilismo operacional. Voy a dar a conocer mi pensamiento por adelantado y decir que soy optimista acerca de nuestras posibilidades de resolver este problema.

Reglas

La idea de que principios y reglas generales pueden dirigir nuestras decisiones y la política en general es irresistible. ¿Pero qué significa nuestra adhesión a reglas y principios? Nos gusta pensar que las reglas tienen poder independiente y una fuerza intrínseca, pero es difícil defender esa posición bajo presión ya que casi todas las reglas tienen excepciones. Citando un ejemplo clásico de filosofía moral, a veces es ético mentir si ayudamos a salvar a víctimas inocentes de sus victimarios. Cuando decidimos si acatar una regla o no, volvemos a analizar casos individuales, lo cual es lo contrario a la intención original de crear reglas que es la de alejarnos de la necesidad de analizar casos individuales.

Los filósofos plantean preguntas similares, pero de una manera distinta. Ellos debaten la doctrina del utilitarismo de reglas que sugiere que deberíamos elegir aquellas reglas que maximizan la utilidad social. Similarmente, un enfoque más amplio y pluralista llamado consecuencialismo de reglas aboga por reglas que maximicen una definición más amplia de lo que significa tener buenas consecuencias. Pero la doctrina del utilitarismo de reglas (o consecuencialismo de reglas) ¿acaso no se convierte en un utilitarismo de acciones? Es decir, ¿acaso no estamos siempre cuestionando nuestra adherencia a alguna regla? ¿Estamos moralmente justificados en romper una regla cuando así lo dictan circunstancias individuales y específicas?

Desde un punto de vista común, las reglas son meramente una ficción, un truco útil; no se pueden sustentar por sí solas y no tienen una fuerza independiente dentro de nuestro cálculo moral. ¿Podremos crear una moral coherente en la que respetemos las reglas y los principios por su propio valor? ¿Podemos tomar una decisión fundamental de pensar en términos de reglas y principios en sí mismos? ¿Podríamos ser obsesivos con las reglas? ¿O vamos a acabar atrapados en preocuparnos siempre por las excepciones a las reglas, y por lo tanto terminar donde empezamos, viendo las reglas solo como una ficción útil?

Yo hablaré en favor de las reglas.

Incertidumbre radical

Soy un escéptico, pero soy un escéptico con una actitud positiva que se da cuenta de lo paralizante que puede ser el escepticismo. Ciertamente, el futuro lejano es extremadamente difícil de predecir. No estoy hablando solo acerca de la dificultad de armar buenas teorías en las ciencias sociales y luego comprobar si esas teorías se ajustan a los datos; también tenemos que lidiar con nuestra gran incapacidad de poder trazar las cadenas de causa y efecto definitivos en los asuntos humanos.

También tengo curiosidad por algunos problemas comunes que surgen de la ciencia ficción o simplemente de la ficción especulativa. Por ejemplo: hasta las acciones más pequeñas que tomamos pueden, en teoría, desencadenar una serie de eventos con repercusiones de largo alcance. Imagínese si el padre de Hitler —o que tal el padre de Julio César— hubiese llegado un segundo más tarde a consumar su matrimonio en la noche de bodas... Se hubieran fecundado un esperma y un óvulo diferentes, y la historia de la humanidad pudiera haber sido totalmente diferente. Cuando era niño, leía una historieta sobre un grupo de investigadores que viajaba al pasado para observar a los dinosaurios. Su barco arrolla una hoja de un árbol por equivocación y toda la historia de la humanidad cambia; en esta realidad alternativa los indios americanos acaban conquistando Europa. Si en el futuro existe otro Hitler, el escribir este libro —y usted leerlo— puede tener un papel en su concepción y nacimiento, ¿quién sabe?

Dada la incertidumbre en el largo plazo, ¿cómo podemos pretender evaluar las consecuencias buenas y malas de nuestras acciones? ¿Cómo podemos tomar cualquier decisión sin antes sucumbir a una parálisis moral y una completa incertidumbre?

Usualmente, las personas evaden este problema diciendo que simplemente hacemos lo mejor que podemos. Y aunque eso tiene mucho de verdad, la pregunta todavía es: ¿cómo podemos usar nuestra modestia epistémica para tomar mejores decisiones?

¿Cómo podemos creer en los derechos?

La idea de derechos humanos intrínsecos surge mucho en discusiones filosóficas, y tiene aún mayor influencia en el mundo en general, incluyendo en leyes internacionales. Pero dentro de círculos de discusión filosóficos, los pilares sobre los que el concepto de derechos se erige se consideran frágiles. Aun cuando se acepta la noción de derechos intrínsecos, todavía son vistos como si dependieran mucho de la intuición. No voy a plantear mi propia forma de pensar acerca de cómo nacen los derechos, pero sí creo en derechos humanos (casi) absolutos. Voy a plantear una doctrina de «no tener vergüenza de los derechos». Puede que eso no sea tan robusto como una prueba absoluta de la existencia de derechos intrínsecos, pero varios elementos de razonamiento ético apoyan la noción de derechos humanos objetivamente válidos, y, sin duda, de su carácter casi sagrado.

Como era de esperarse de alguien que defiende el uso de reglas, también voy a defender los derechos.

Moralidad de sentido común

La moralidad de sentido común mantiene que deberíamos trabajar duro, cuidar de nuestras familias, y vivir vidas virtuosas enfocadas en el propio crecimiento, mientras donamos a la caridad en la medida que podamos. Por otro lado, la filosofía utilitarista pareciera sugerir un nivel demasiado alto de auto sacrificio. ¿Por qué una madre debería cuidar a su hijo cuando podría venderlo y usar las ganancias para salvar muchos más niños en Haití? ¿No deberían todos los que tienen entrenamiento médico viajar al África subsahariana para salvar a un mayor número de vidas que las que salva en su país? ¿Qué porcentaje de su ingreso debería donar a la caridad? ¿No debería ese porcentaje ser por lo menos 50 %, dado que todavía existe pobreza extrema en el mundo? ¿Es realmente tan importante comerse ese cono de helado? La moralidad de sentido común mantiene que está bien disfrutar del chocolate, pero el utilitarismo dice lo contrario.

El filósofo británico Henry Sidgwick estaba obsesionado con compatibilizar las recomendaciones del utilitarismo y la moralidad del sentido común; algunas décadas más tarde, intentó lo mismo el filósofo británico Derek Parfit. Si esos dos enfoques no son compatibles, ¿qué perspectiva ética deberíamos preferir, y por qué?

Los seis factores que acabamos de mencionar contienen preguntas complejas. A pesar de eso, voy a proponer y defender una tesis controversial: que todos esos problemas complejos son solo una pieza adicional de algo más grande. Estos problemas pueden ser resueltos por un número relativamente pequeño de «movidas» intelectuales y filosóficas. Estas movidas no van a facilitar la evaluación normativa; más aún, introducirían nuevos problemas. Pero voy a sugerir que intercambiemos los problemas viejos por los nuevos. Y, de hecho, luego de una evaluación razonada voy a proponer que inevitablemente tenemos que cambiar los problemas viejos por esos nuevos.

Las movidas filosóficas fundamentales que tengo en mente son dos:

En primer lugar, no doy por sentado las fuerzas productivas de la economía. La producción podría ser aún mayor de lo que es hoy, y nuestras vidas podrían ser mucho mejores. O si cometemos errores grandes, la producción podría ser mucho menor, y todos seríamos más pobres. Esta observación tan simple nos permite poner la idea de la producción en el centro de nuestra teoría moral, porque sin la producción, el concepto de valor es problemático. A pesar de todas sus fallas, Ayn Rand es la autora que mejor comprendió la importancia que tiene la producción para la teoría moral: una idea sobre la cuál se expresó extensamente y con mucho entusiasmo, aunque, lamentablemente, suscitó numerosas caricaturizaciones desafortunadas. Los logros de nuestra civilización están sustentados en el capital, el trabajo y los recursos naturales que son utilizados por la creatividad mental del individuo. Esté o no de acuerdo con los puntos de vista políticos de Rand, ella tiene razón en su postura de que no debemos dar por sentada la existencia de la riqueza.

En segundo lugar, quisiera revisar nuestros supuestos intuitivos acerca del distanciamiento moral. ¿Qué personas deberían ejercer más influencia sobre nuestras decisiones, y quiénes deberían ejercer menor influencia? Voy a sostener que, en términos morales, los individuos que vivirán en el futuro deberían ser menos distantes para nosotros, que lo que mucha gente piensa hoy en día. Sus intereses deberían tener una mayor influencia sobre nuestros cálculos, y eso significa que deberíamos invertir más pensando en el futuro. Aunque a veces resulte difícil para nosotros imaginar cómo van a influir nuestras acciones en las personas del futuro, especialmente aquellas personas en un futuro lejano, su relevancia moral sigue siendo alta. Por lo tanto, voy a pedir a las personas que tengan mayor fe en el futuro. No estoy pidiendo fe a costa de razón; no obstante, pensar consistentemente en un horizonte tan lejano va a requerir una actitud parecida a la fe. Como observó hace años Max Weber, no es una coincidencia que personas que tienen un nivel más alto de religiosidad también tengan tasas de fertilidad más altas, o estén involucrados en muchos proyectos de negocios o de caridad a largo plazo.

Al considerar las preguntas que planteo en las páginas previas, voy a enfocarme en los argumentos que están en conflicto y en la sustancia del resultado final. No voy a dedicar mucho tiempo a construir un consenso sobre material conocido o resumir lo que muchos otros han dicho sobre algún tema en específico. No repaso material conocido para al final proponer sugerencias tentativas para solucionar problemas difíciles. No argumento por eliminación, enfocándome en las debilidades de otros puntos de vista y luego minimizando las debilidades de mi punto de vista. En su lugar, procuro empezar con las preguntas difíciles, me enfoco en las áreas de disputa más arduas, y dedico el resto de mi tiempo tratando de recoger todas las piezas. Ese tipo de material es el que me gusta leer, y, por lo tanto, eso es lo que estoy tratando de escribir.

Ahí está mi debate interno. Espero que le guste el libro. Si es el tipo de lector que quiero, va a sentir que no me esforcé lo suficiente en resolver las preguntas difíciles, sin importar lo mucho que me esfuerce.

De igual manera, deseo que usted responda asumiendo una posición más fuerte a favor de la libertad y la prosperidad. Espero que se sume más firmemente a la causa de hacer que nuestra civilización sea más fuerte, más duradera y aun más maravillosa. En este libro sugiero que necesitamos un despertar radical. Y este despertar va a probar ser una manera nueva e irresistible de reafirmar nuestro propio poder como individuos.

Con todo esto en mente, procedamos.

2

LA RIQUEZA HACE QUE EL MUNDO SE MUEVA

¿De dónde proviene el valor? ¿Cómo se crea, mantiene y aumenta el valor a lo largo del tiempo? Estas simples preguntas suenan como clichés, pero son centrales para la ética.

Consideremos la idea de sistemas, redes, normas o políticas que crean un valor en el tiempo que aumenta constantemente y sin un final aparente. Milton Friedman solía argumentar que no existe un almuerzo gratis, pero esto debe de ser falso a cierto nivel. El universo existe; ¿quién pagó por él? (Más aun, algunas hipótesis cosmológicas sostienen que el universo se creó por fluctuaciones cuánticas y está por siempre dando lugar a nuevos universos, todo «gratis»). Esto parece sugerir que ha existido en nuestra historia, por lo menos un almuerzo gratis —uno muy grande—; por lo tanto, tal vez hay otros. Entonces, ¿cómo podríamos pensar constructivamente sobre almuerzos gratis en lo que concierne a las decisiones colectivas? Después de todo, de alguna forma la Tierra evolucionó de muchos trilobites a un PIB de trillones de dólares y un Louvre lleno de arte.

Ya que los almuerzos gratis no son siempre fáciles de encontrar, deberíamos pensar dónde podrían estarse escondiendo y por qué algunos de esos almuerzos gratis son poco evidentes. En particular, podríamos descubrir beneficios ocultos si consideramos más de cerca la dimensión del tiempo. Tal vez algunas de nuestras decisiones generan un flujo constante de beneficios, pero no los vemos tan claramente como deberíamos. Como Adam Smith notó en el siglo XVIII, tendemos a visualizar eventos en el futuro muy pobremente y con un déficit de imaginación.

En economía, hay por lo menos un ejemplo (hipotético) de un almuerzo gratis. El economista Frank Knight escribió sobre la planta crusoniana, un cultivo (mítico) que crece automáticamente y genera más producción en cada período. Si se siembran las semillas, la planta simplemente crece por sí sola; no hay que regarla o cuidarla. Imagínese, por ejemplo, un árbol de manzanas que da fruto de muchas manzanas cada año. El árbol también produce semillas de manzana. Las semillas germinan dando lugar a una provisión constante y creciente de nuevas manzanas y nuevos árboles, siempre y cuando haya algo de sol y lluvia. Una planta crusoniana, evaluada en su capacidad de producir manzanas, puede tener un crecimiento de 5 % neto cada año. Al mismo tiempo, parece ser un humilde árbol de manzana y no aparenta resolver ninguna pregunta ética o política.

La idea de una planta crusoniana puede sonar irreal o un poco absurda, pero sirve como un ejemplo útil para determinar la naturaleza de nuestra búsqueda. La planta crusoniana es un ejemplo de un «almuerzo gratis» —aunque sea un almuerzo gratis de manzanas — una vez usted la posee. (Por cierto, si se está preguntando por qué se llama una planta crusoniana, es porque lleva el nombre de la isla de Robinson Crusoe; en la novela de Daniel Defoe, la isla de Crusonia estaba llena de árboles que daban frutos a cambio de nada, y no requerían ningún tipo de mano de obra de Crusoe o de ninguna otra persona. Por lo tanto, Crusoe podía disfrutar de algunos almuerzos gratis).

Frank Knight postuló la teoría de la planta crusoniana para proponer algunos puntos técnicos sobre las teorías de la inversión y el capital, pero esos debates ya pertenecen al pasado. A diferencia de Knight, yo pienso en la planta crusoniana como un punto de entrada para resolver los problemas de agregación. Una planta Crusoniana es más deseable que una planta que, aunque sea muy encantadora y brillante, se muere después de un solo mes y no deja ningún descendiente. Podemos comparar estas plantas en términos de distintas cualidades, como su color o su aroma, pero después de un tiempo los frutos constantes y gratuitos que rinde la planta crusoniana la convierten en la mejor opción. En cierto momento la pura acumulación de valor del crecimiento constante de la planta crusoniana domina la comparación. Por ende, tenemos un principio que aplica tanto a la ética como a la prudencia: cuando dude, escoja la planta crusoniana.

Cuando se trata de tomar decisiones difíciles, deberíamos primero tratar de identificar qué elementos en el conjunto de decisiones se asemejan a una planta crusoniana. Si podemos identificar ciertas decisiones o políticas que dan lugar al equivalente del producto inagotable de la planta crusoniana, que en esencia es un aumento de valor autosostenible y constante, la justificación para esas decisiones sería más convincente. Más aún, si resultara que las plantas crusonianas son más comunes de lo que pensábamos en un principio, los problemas de agregación serían más fáciles de resolver.

En un contexto social, ¿cuál podría ser el equivalente a una planta crusoniana? Busque procesos sociales que son constantes, autosostenibles y que generan valor a lo largo del tiempo. El candidato más lógico para un ejemplo de dicho proceso es el crecimiento económico, o alguna versión modificada del concepto. Si existieran instituciones sostenibles de suma positiva, existiría también plantas crusonianas por todas partes. Como veremos más adelante, las definiciones estándar de crecimiento económico no califican como plantas crusonianas de verdad, en parte porque ignoran la sostenibilidad medioambiental y en parte porque no valoran adecuadamente el tiempo de ocio. Sin embargo, si pensamos sobre el crecimiento económico de forma más amplia, podríamos tener una planta crusoniana más adecuada sobre la cual basar nuestras decisiones.

Los economistas utilizan el concepto de Producto Interno Bruto (PIB) para referirse al valor total de todos los bienes y servicios producidos en un cierto periodo de tiempo, usualmente en un año o en un trimestre. La tasa de crecimiento económico es aquella tasa que mide el crecimiento del PIB. Yo voy a utilizar el concepto de manera diferente, postulando que el PIB debería ser medido en términos de maximización de la tasa de crecimiento económico de largo plazo. Esta no es la forma como la mayoría de los gobiernos miden el PIB actualmente. Yo voy a referirme con el concepto de «Plus Riqueza» (*Wealth Plus*), a las ganancias acumuladas del crecimiento tomando en cuenta el tiempo de ocio, la producción de bienes en el hogar (como por ejemplo las valiosas tareas que se hacen en el hogar de manera no remunerada, como por ejemplo remendar calcetines o usar Facebook), y amenidades medio ambientales, dentro de los principales ajustes. Las estadísticas actuales de PIB están sesgadas hacia lo que se puede medir de manera fácil y precisa, en vez de enfocarse en lo que contribuye realmente al bienestar humano.

Con eso en mente, voy a definir el concepto de Plus Riqueza de la siguiente manera:

Plus Riqueza: El total de valor producido en un cierto periodo de tiempo. Esto incluye, además del PIB, el tiempo de ocio, lo que se produce en el hogar y las amenidades medioambientales.

En este contexto, maximizar la Plus Riqueza no significa que todos deberían trabajar lo más posible. Un día de trabajo de 14 horas podría maximizar el PIB en el corto plazo, pero sería menos conveniente a la larga, una vez que tomamos en cuenta el valor del ocio, sin siquiera mencionar la posibilidad del agotamiento. Aun así, este estándar valorará una ética que fomente el trabajo[1].

Maximizar la Plus Riqueza tampoco significa destruir el ambiente. En estas épocas se entiende que, a causa de efectos de retroalimentación, los problemas ambientales pueden reducir o hasta destruir el crecimiento económico. Por lo tanto, deberíamos proteger el ambiente para preservar y hasta incrementar el crecimiento económico en un futuro distante.

Más ampliamente, el principio de Plus Riqueza sostiene que deberíamos mantener un crecimiento económico alto a lo largo del tiempo y no solo para un año en particular o para un período de tiempo más corto. Maximizar la tasa sostenible de crecimiento económico no significa buscar crecimiento económico inmediato a costa de todos los demás valores. Las políticas que priorizan el crecimiento económico a velocidades vertiginosas son usualmente insostenibles, tanto económica como políticamente. Por ejemplo, el Sha de Irán trató de llevar a su país a la modernidad demasiado rápidamente. Las tasas de crecimiento fueron muy altas por un tiempo, pero en el largo plazo no las pudieron mantener. Desde la Revolución, la economía iraní ha ido en retroceso. La modernización forzada del Sha no logró el crecimiento económico; posiblemente hubiera sido más eficaz y sensato aplicar políticas moderadas[2].

---

[1] Tratándose de una guía operacional para calcular la Plus Riqueza, los dos mejores intentos que conozco son Jones y Klenow (2016) y Becker, Philipson, y Soares (2005). Para una buena investigación que sitúa a la producción y a la productividad al centro de la teoría moral, ver Stanczyk (2012), y también el trabajo del filósofo David Schmidtz.

[2] Para una mirada formal al concepto de sostenibilidad, vea Heal (1998).

Por lo tanto, el concepto de sostenibilidad, que va implícito en la idea de la planta crusoniana, enfoca nuestra atención en los requisitos de una civilización perdurable. Y aunque muchas personas viven actualmente en relativa paz y prosperidad, no deberíamos dar por sentada su perdurabilidad. Si miramos el registro histórico más amplio, el crecimiento económico no ha sido la norma, y las civilizaciones son frágiles. Michael Shermer ha compilado una base de datos sobre la sobrevivencia de las civilizaciones y cataloga 60 civilizaciones, incluyendo Sumeria, Mesopotamia, Babilonia, las ocho dinastías de Egipto, seis civilizaciones en Grecia, y la república y el imperio Romano, varias dinastías y repúblicas en China, cuatro períodos en África, tres en India, dos en Japón, seis en Centro y Sudamérica, y seis en la Europa Moderna y en Norte América. Encuentra que la civilización promedio ha durado 402.6 años. También encuentra que el declive empieza más rápido a lo largo del tiempo; desde el colapso del Imperio Romano, el promedio de duración de cada civilización ha sido solo de 304.5 años[3].

---

[3] Ver Shermer (2002). Rees (2003) y en especial Posner (2004) que se enfocan en temas de colapso de civilizaciones. S. E. Finer (1999, 30–34) provee una mirada alternativa a la sobrevivencia de las civilizaciones, bajo el concepto de «Esperanza de vida total». Él define la civilización en términos más amplios que Shermer; para él, Egipto es una sola civilización, no ocho. Las civilizaciones tienen vidas más largas. Algunas de las civilizaciones más duraderas han sido Egipto (2,820 años), China (2,133 años), y el imperio Bizantino (1,962 años). La republica de Venecia duró 1,112 años. Entre las más cortas están el imperio persa aqueménida (220 años) y el imperio persa sasánida (427 años). Finer también desarrolla una clasificación de civilización con un desglose más pormenorizado, que ocurre más frecuentemente. Un desglose es la «desintegración de un estado previamente unido» (32), en contraste con ejemplos del colapso de civilizaciones más extremos. Los desgloses egipcios ocurren después de periodos de 400, 500, 442, 360, 326, 69, y 936 años. Los desgloses de los asirios ocurren después de periodos de 157, 82, 38, 143, y 312 años. En su libro clásico, *Un Estudio de la historia*, Arnold Toynbee clasifica la historia mundial en 26 civilizaciones. Dieciséis de esas

Aunque las estimaciones exactas dependen de cómo definimos el concepto de civilización y cómo determinamos los puntos del principio y el final, sigue siendo válida la observación más general sobre la fragilidad de la civilización. Los seres humanos pueden y de hecho experimentan pérdidas significativas de su prosperidad y libertad a lo largo del tiempo[4].

Cabe preguntarse si con un nivel económico y de población módicos, podríamos maximizar valores por un largo tiempo —algo así, como vivir en armonía con la naturaleza—. Piense por ejemplo en los pintorescos hobbits de Tolkien. Pero en el pasado las sociedades más pobres han colapsado en repetidas ocasiones por varios factores dentro de los cuales encontramos la debilidad militar, catástrofes ecológicas, hambrunas, tiranías, y desastres naturales.

Tenga en cuenta que el tirano que posee mucha riqueza conquistaría o al menos hostigaría al buen salvaje. Aun si en un principio la vida del buen salvaje fuese mejor, ninguna sociedad que sigue este sendero puede, por sí misma, conservar su autonomía en el largo plazo. Dada la trayectoria del desarrollo humano, alguna sociedad siempre va a tener tanques y armas nucleares, nos guste o no. También es importante notar que las sociedades más benevolentes

---

civilizaciones ya no existen. *The Clash of Civilizations* (1996, 44–45), por Samuel Huntington, cita a Matthew Melko (1969), que sostiene que hay doce civilizaciones, siete de las cuales ya no existen.

[4] Samuel Huntington (1996) cita varias definiciones de «civilización», incluyendo los conceptos de «establecida, urbana y alfabetizada» (40) y «la entidad cultural más amplia» (43). Refiriéndose al trabajo de Kenneth Clark, Fernández-Armesto (2001, 16–20), define la civilización como una sociedad con la confianza de construir para el futuro. Clark (1969) señala que, aunque no sabía exactamente que era una civilización, podría reconocerla cuando la viese. Matthew Melko (1969, 113) observa que «cuando una civilización opera efectivamente, es probable que crezca».

tienden a tener más riqueza y ser más avanzadas tecnológicamente —más evidencia de la importancia del crecimiento económico sostenible.

Además, la guerra en tiempos primitivos parece haber sido igual de frecuente, sangrienta y arbitraria que la guerra en tiempos modernos[5]. Las sociedades antiguas no fueron ni idílicas ni pacíficas. Por lo tanto, volver al pasado o intentar socavar el crecimiento económico, no garantiza un mejor futuro para nuestra civilización, y mucho menos su bienestar. En otras palabras, necesitamos avanzar en lugar de buscar una existencia estática y tranquila, y sin embargo nuestro camino se torna como un truco de cuerda floja, donde intentamos balancear el progreso por un lado y la estabilidad por otro.

Todo esto nos lleva a tres preguntas claves que deberían ser eminentes en su importancia política y filosófica, que son:

¿Qué hacemos para incrementar la tasa de crecimiento económico?

¿Qué hacemos para que nuestra civilización sea más estable?

¿Cómo deberíamos lidiar con problemas ambientales?

La primera de estas preguntas es usualmente considerada como una pregunta liberal o de derecha, la segunda es una preocupación de los conservadores, y la tercera, específicamente en Estados Unidos, es más asociada como una

---

[5] Diamond (2005) se enfoca en cómo las catástrofes ecológicas han destruido o dañado civilizaciones antiguas. Sobre la brutalidad de la guerra en tiempos primitivos, vea Keeley (1996) y LeBlanc (2003).

preocupación de la izquierda política. Sin embargo, estas preguntas deberían ser centrales, en vez de perimetrales, a todas las vertientes políticas. Podemos ver de inmediato cómo el espectro político tiene que ser rediseñado para poder resolver adecuadamente estas preguntas. La política debería tratarse de cómo lograr esos fines, en lugar de disputar la importancia de dichos fines.

¿Qué tan bueno es el crecimiento?

Con algunas salvedades, la historia del crecimiento económico nos demuestra que el crecimiento alivia la miseria, mejora las oportunidades y la felicidad y alarga la vida. Las sociedades más ricas tienen mejores estándares de vida, mejores medicinas, más libertad individual, vidas más plenas, y más fuentes de diversión. Aunque la riqueza no corresponda exactamente a la Plus Riqueza, estos conceptos han sido muy similares en el pasado, especialmente de manera transversal para toda la gama de resultados que hemos observado (contrario a experimentos y contra factuales hipotéticos).

Muchas veces olvidamos los abrumadores efectos positivos que ha tenido el crecimiento económico. El economista Russ Roberts comenta que frecuentemente le pregunta a reporteros cuánto crecimiento económico hubo desde el año 1900. Según Russ, la respuesta típica es que el estándar de vida ha incrementado aproximadamente un 50 por ciento. En realidad, de acuerdo con estimaciones moderadas, el estándar de vida en EE. UU. ha incrementado en un múltiplo de entre cinco a siete veces, y posiblemente mucho más dependiendo de cómo midamos los precios y el valor de los productos en el tiempo, una ciencia poco exacta.

Los datos muestran qué tanto ha incrementado el estándar de vida. Por ejemplo, en el año 1900, casi la mitad (cuarenta y nueve por ciento) de todos los hogares en EE. UU. tenían más de un ocupante por cuarto y casi un cuarto (veintitrés por ciento) tenían 3.5 personas por cuarto. Un poco menos de un cuarto (veinticuatro por ciento) de todos los hogares en EE. UU. tenían agua corriente, dieciocho por ciento tenían refrigeradores, y doce por ciento tenían gas o electricidad. Hoy en día, las cifras para cada una de estas categorías están en noventa y nueve por ciento o más. En el pasado solo cinco por ciento de las casas tenían teléfonos, y nadie tenía radio o televisor. La tasa de graduación de la secundaria era de sólo seis por ciento y la mayoría de los trabajos eran físicamente arduos y tenían tasas elevadas de discapacidad o hasta muerte. A mediados del siglo diecinueve, un trabajador promedio tendría que trabajar entre 2,800 y 3,300 horas al año; dicho estimado hoy en día se encuentra entre 1,400 a 2,000 horas por año[6].

Hasta hace poco, la polio, la tuberculosis y la fiebre tifoidea eran enfermedades comunes, hasta para los más ricos. Los presidentes George Washington, James Monroe, Andrew Jackson, Abraham Lincoln, Ulysses S. Grant, y James A. Garfield contrajeron todos malaria durante sus vidas. Antibióticos y vacunas han existido solo por una

---

[6] Estas cifras son sacadas del. Census Bureau, a través de un artículo sin publicar de Bradford DeLong, «Lección 2: Crecimiento lento y pobreza en el Atlantico Norte 1800 – 1870». Sobre horas de trabajo vea, Huberman y Minns (2007).

fracción diminuta de la historia humana, y no es ninguna coincidencia que emergieran en el periodo de tiempo más rico que la humanidad jamás haya visto. Hay una relación fuerte y consistente entre la riqueza y tasas de mortalidad infantil; a los niños pequeños les va mejor cuando nacen en países más ricos, debido a que la riqueza provee los recursos para darles mejor cuidado.

Tan recientemente como finales del siglo diecinueve, la esperanza de vida en Europa Occidental era de aproximadamente 40 años, y la comida representaba entre cincuenta y setenta cinco por ciento del presupuesto de una familia promedio. La dieta típica en el siglo dieciocho en Francia tenía casi el mismo valor energético que la de Ruanda en 1964, la nación peor alimentada ese año. Un efecto de esta privación fue que la mayoría de la gente no tenía suficientes energías para la vida[7].

En el pasado, la mayoría de personas tenía empleos que consistían de trabajo físico duro, y la educación universitaria —o incluso la secundaria— era un lujo. El tiempo de ocio se ha incrementado junto con el crecimiento económico. De acuerdo con el economista Robert Fogel, en 1880 las personas trabajaban cuatro quintas partes su tiempo; hoy pasamos aproximadamente cincuenta y nueve por ciento de nuestro tiempo haciendo cosas que nos gustan, y ese valor incrementará a setenta y cinco por ciento para 2040[8].

Los esplendores del mundo moderno no son solo adornos superficiales; son una fuente importante de comodidad y bienestar humano. Imagínese que un viajero del tiempo

---

[7] Vea Fogel (2004, 8, 9, 34).

[8] Vea Fogel (2004, 70).

viniera del siglo dieciocho a visitar a Bill Gates. Vería televisores, autos, refrigeradores, calefacción central, antibióticos, comida en abundancia, inodoros, celulares, computadoras portátiles y viajes aéreos asequibles, entre otros logros extraordinarios. Esas características tan impresionantes de la vida de Gates, vistas desde el punto de vista de esta persona del siglo dieciocho, son aquellas que comparten la mayoría de las personas de países desarrollados hoy en día. Mi *smartphone* es tan bueno como el suyo. La mera existencia de una civilización avanzada —producto del crecimiento económico acumulado— confiere inmensos beneficios a ciudadanos comunes, incluyendo su capacidad para educarse, entretenerse y elegir un camino sobre otro. Para más argumentos similares, les recomiendo el libro más reciente de Steven Pinker, *Enlightenment Now: The Case for Reason, Science, Humanism, and Progress*[9].

El crecimiento económico de los países más ricos beneficia a los más pobres también, aunque a veces con un rezago considerable. La distribución de riqueza cambia en el tiempo y no todo llega hasta abajo, pero como un promedio histórico, el quintil más bajo de una economía sí comparte ese crecimiento[10]. Por ejemplo, esto se puede ver comparando el quintil más bajo en Estados Unidos al más bajo en India o México.

Las economías más ricas también elevan los estándares de vida de los inmigrantes. La gente pobre que emigra a países ricos usualmente tiene mayores ingresos y mejores condiciones de vida, y sus hijos pueden tener aun mejores

---

9 Estoy en deuda con Don Boudreaux por el planteamiento de este punto.

10 Vea por ejemplo Dollar and Kraay (2000).

vidas que ellos. Mientras más rico sea el país, más se podrían beneficiar los inmigrantes. Les va mejor a inmigrantes que emigran de Centroamérica a Estados Unidos que si esos mismos inmigrantes fueran a México o si emigrantes de Nepal fueran a India. Los inmigrantes también mandan remesas de vuelta a sus países a tasas que exceden cualquier ayuda extranjera gubernamental. La movilidad social ascendente en los Estados Unidos excede lo que las estadísticas habituales señalan ya que las estadísticas publicadas normalmente no incluyen una comparación con los resultados previos a la inmigración.

Pero la serie de beneficios no termina ahí. Los migrantes usualmente regresan a sus países de origen, trayendo consigo nuevas habilidades y contactos de negocios. Tanto India como Israel han desarrollado industrias vibrantes de tecnología y software precisamente por sus vínculos estrechos con la comunidad de emprendedores en Estados Unidos. Universidades de habla inglesa en países anglosajones han entrenado a miles de estudiantes asiáticos en ciencia e ingeniería, llevando a que luego se establezcan nuevos negocios y a la larga, un crecimiento económico más alto en sus países de origen.

Medicinas y tecnologías nuevas, desarrolladas en países ricos, también llegan a otras partes del mundo, ilustrando muy visiblemente el rápido crecimiento de los teléfonos celulares y ahora los *smartphones*. Un estudio pronostica que, si las veintiún naciones más industrializadas incrementaran sus inversiones en investigación y desarrollo por medio punto porcentual del PIB, el producto de Estados Unidos incrementaría en quince por ciento. Y eso no es todo: el producto en Canadá e Italia crecería en veinticinco por ciento, y el producto en todas las naciones industrializadas crecería 17.5 por ciento, en promedio. En los países menos desarrollados, el producto incrementaría en 10.6 por ciento en promedio[11].

Aunque estos procesos históricos con frecuencia han conllevado injusticias, y rezagos de décadas, el crecimiento económico ha traído consigo riqueza para los más pobres y ha elevado su nivel de vida. Las ciudades estado griegas y el imperio romano se beneficiaron del comercio marítimo a lo largo del Mediterráneo, y como consecuencia en esas regiones proliferaron arreglos institucionales que incrementaron el crecimiento económico en Europa, el Norte de África, y el Oriente próximo.

La revolución comercial de la Edad Media tardía y el Renacimiento reabrió muchas de las rutas comerciales de la Antigüedad y a la larga los seres humanos empezaron a salir de la trampa maltusiana de mera subsistencia con PIB per cápita bajos. La riqueza de Occidente ayudó a hacer posible los milagros de las economías del Este asiático a base de exportaciones. Hoy en día, muchos de los países más pobres buscan acceso a los mercados más prósperos de Occidente y Asia, y progresan si lo consiguen[12].

Aun cuando ha incrementado la desigualdad interna en ciertos países, la desigualdad global se ha reducido en las últimas décadas, en gran medida por el crecimiento de

---

[11] Vea Helpman (2004, 84).

[12] El trabajo estadístico sobre comercio, inversión y crecimiento no siempre puede identificar qué variables son endógenas. Sin embargo, la evidencia disponible muestra correlaciones claras entre apertura al comercio y crecimiento; vea Helpman (2004, 70–71) para un resumen de la literatura.

China e India. Y el crecimiento de esos países emergentes se dio por el crecimiento previo en el Occidente y en el Este asiático. Por ejemplo, China empezó a converger en su crecimiento con respecto a otros países al adoptar tecnologías de Occidente y exportar a países más ricos. China ha ido de ser un país muy pobre a ser un país de renta media con clases medias y altas bastante grandes.

Aunque la cobertura mediática más reciente se ha enfocado exclusivamente en los indicadores internos de los países, la más reciente historia mundial ha sido una época de igualdad extraordinaria. Es sobre todas las cosas una historia de cómo el crecimiento económico mundial ayuda a los pobres. La clase media se ha ido comprimiendo en las naciones más prósperas, en parte por el incremento de la competencia global. Pero a su vez, hemos visto que el crecimiento económico, la riqueza y la igualdad de ingreso a nivel global se han incrementado al mismo tiempo durante los últimos veinticinco años. Muchos ciudadanos en el Este asiático, en el Sur de Asia y en América Latina han experimentado mejoras significativas en su nivel de vida, lo cual ha sido consecuencia del crecimiento previo de los países más ricos. África está ahora en el mismo camino, fortalecida en parte por la demanda de materia prima por parte de China, y también por la expansión de tecnologías modernas como teléfonos celulares económicos[13].

A veces periodos sostenidos de crecimiento no producen beneficios para los pobres y las clases bajas, como ocurrió por ejemplo a finales del siglo dieciocho en la primera fase de la revolución industrial británica.

---

[13] Sobre la reducción de la desigualdad, vea Lakner and Milanovic (2014).

Aun así, la evidencia histórica sugiere que fue mejor que Gran Bretaña siguiera estimulando el crecimiento económico, ya que esto a la larga condujo al incremento más grande en el estándar de vida que el mundo jamás haya visto. De seguro, había mejores políticas que, si hubiesen sido adoptadas, hubieran distribuido los beneficios del crecimiento más ampliamente (por ejemplo, menos guerras, más libre comercio y reformas a la Ley de los Pobres (1834)). Pero aun tomando en cuenta estas políticas equivocadas, a Gran Bretaña le fue mejor buscando mayor crecimiento económico en vez de darle la espalda a la idea, aun cuando incrementos del salario real significativos para la clase obrera no se lograron hasta la década de 1840.

El premio Nobel de Economía Amartya Sen ha promovido la idea de «capacidades» como un enfoque alternativo, aun cuando no representan un substituto al crecimiento económico. Sen señala que las oportunidades positivas en la vida muchas veces importan más que el monto de dinero en nuestras cuentas bancarias. También señala que algunas partes del mundo como el estado de Kerala en India, han tenido buenos indicadores de salud y educación, aun cuando los ingresos per cápita son relativamente bajos.

Los argumentos de Sen son razonables, pero no disminuyen la relevancia del concepto de riqueza, o como yo lo llamo, Plus Riqueza. Los beneficios importantes que son generados por las capacidades, como ser beneficios para la salud, son parte del concepto de Plus Riqueza, aun cuando estos no están representados apropiadamente en estadísticas actuales de PIB. En otras palabras, Kerala es más próspero que lo que ciertas medidas estadísticas limitadas nos muestran. En promedio, la riqueza y los buenos indicadores sociales están fuertemente correlacionados, y esta correlación se hace más fuerte si consideramos períodos más largos. Por ejemplo, si Kerala no crece mucho en términos económicos en 50 o 100 años, es poco probable que los indicadores sociales mejoren. Y hasta hoy, Kerala está tan bien como está, en gran parte porque la gente de Kerala va a trabajar a países ricos, especialmente en los países del Golfo pérsico, y envía remesas a sus hogares. Y comparando con otros estados en la India, Kerala tiene un nivel de riqueza por encima del promedio, al igual que un nivel de gasto en consumo por encima del promedio, ambos factores contabilizados en medidas estadísticas tradicionales[14].

La verdad es que el crecimiento económico es el único camino para abandonar la miseria. El crecimiento económico es la razón por la que el mundo salió de la pobreza en la que se encontraba alrededor del año 1000 d.C. o 5000 a. C. Es la razón de por qué el Este asiático se volvió tan asombrosamente próspero. Y es la razón por la que nuestros estándares de vida van a mejorar en el futuro. Tal como el presente parece asombroso desde el punto de vista del pasado; el futuro, siempre y cuando el crecimiento continúe, proveerá avances similares incluyendo, por ejemplo, una mayor esperanza de vida, curas para las enfermedades más debilitantes, y avances en materia cognitiva. Millones de personas van a tener vidas mejores y más largas. Muchos rasgos de la vida moderna podrán algún día parecer atrasados tal y como hoy en día pensamos sobre el número tan

[14] Vea, por ejemplo, Venkatraman (2009) y Tsai (2006).

grande de mujeres en siglos pasados que morían dando a luz por falta de cuidado apropiado.

En uno de mis libros escribí sobre un fenómeno que llamo el gran estancamiento, una desaceleración del crecimiento en el mundo occidental que empezó alrededor del año 1973. Sin embargo, sería una falta de imaginación creer que el progreso humano ha llegado a su fin. La explicación más probable es que el progreso es desigual, que desde hace un tiempo estamos en un período de progreso lento, que varios avances nuevos se van filtrando poco a poco, y que deberíamos ayudar lo más posible para que esos avances lleguen más rápidamente. Nos guste o no, el crecimiento económico y el progreso tecnológico no siempre ocurren a un ritmo constante.

La historia mundial nos ofrece varios precedentes para la idea de una «gran transformación» que lleva al incremento de la población y a una mejora de su calidad de vida. Nuestros ancestros no anticiparon su propia evolución, la revolución agrícola, la «revolución urbana» (Sumeria y Mesopotamia, alrededor de 4000 a.C.), o la revolución industrial. Y tampoco se anticipó la revolución del crecimiento económico que ocurrió en el este asiático. Cada uno de estos procesos cambió dramáticamente la condición humana a través del tiempo, para bien. Hasta cierto punto, la historia del crecimiento económico es la historia de cómo lidiamos con las consecuencias de esas transformaciones imprevistas. Es improbable que hayamos experimentado la última de estas revoluciones, siempre y cuando nuestra civilización pueda perdurar.

Pensando en el futuro lejano la pregunta de la tasa de crecimiento económico se torna aún más importante. Por ejemplo, una tasa de crecimiento económico de dos por ciento, en vez de uno por ciento, representa una pequeña diferencia si consideramos un período de solo un año. Pero mientras pasa el tiempo, la tasa de crecimiento más alta representa un estímulo muy grande para el bienestar. Para pensar en términos concretos, aquí va un experimento: repensemos la historia de EE.UU., y supongamos que la economía del país creció un punto porcentual menos cada año entre 1870 y 1990. En ese escenario el Estados Unidos de 1990 no sería más rico que el México de 1990[15].

También vale la pena reflexionar sobre comparaciones con tasas altas de crecimiento económico, como las que vemos usualmente en economías emergentes. Con una tasa de crecimiento de diez por ciento por año, como la que se ha visto en China, el PIB per cápita se multiplica una vez cada siete años. Con una tasa mucho más baja de uno por ciento, la mejora toma sesenta y nueve años.

El premio nobel de economía Robert E. Lucas, lo resume concisamente: «Son asombrosas las consecuencias para el bienestar humano que derivan de plantearnos preguntas como estas: una vez que uno se pone a pensar sobre (el crecimiento exponencial), es difícil pensar en otra cosa»[16].

Aun cuando no considere el bien material como algo central al bienestar humano, el crecimiento económico da lugar a muchos otros valores, incluyendo, por ejemplo, acceso a las artes y la educación. El crecimiento económico

---

[15] Cowen (2004).

[16] Ver Lucas (1988, 5).

también permite una mayor autonomía a las personas y reduce la probabilidad de que su destino sea determinado por el tiempo y lugar donde nacieron. Sigue siendo una realidad del mundo actual que muchas personas nacen pobres o son parte de familias que no aprecian la educación formal o que nacen muy lejos de ciudades. Sin embargo, hágase una simple pregunta: ¿ha existido algún tiempo en la historia de la humanidad en el cual tantos individuos tuvieran una posibilidad tan alta de convertirse en científicos de clase mundial como ahora?

Actualmente, las personas tienen más control sobre su futuro, sobre los amigos que eligen, sobre cómo comunicarse con el mundo exterior, y pueden entrelazar diferentes corrientes culturales al construir sus narrativas personales. En su excelente ensayo, *The Moral Consequences of Economic Growth*, Benjamin M. Friedman muestra cómo tantas de las virtudes del mundo moderno dependen en gran medida de niveles de riqueza crecientes[17].

La conclusión es esta: la economía que más rápido crezca va a dar lugar, en algún momento, a mayores niveles de bienestar humano —y otros valores plurales— de manera más estable. Si algún conjunto de decisiones o políticas nos da mayor crecimiento económico, esas mismas decisiones o políticas representan una planta crusoniana.

---

[17] Ver Friedman (2006). Sobre la conexión entre las artes y el crecimiento económico, vea Cowen (1998). Para una defensa reciente sobre la maximización del PIB, vea Oulton (2012). Para una defensa filosófica reciente de la importancia del crecimiento económico basada en consideraciones plurales, vea Moller (2011). Stanczyk (2012) considera la importancia la «justicia productiva», que básicamente es asegurarse que el producto sea producido en primer lugar.

¿El crecimiento económico nos hace felices?

Muchos de nosotros somos propensos a especular sobre en qué lugar del mundo la calidad de vida es la más alta y la gente es más feliz. ¿Será en los países ricos? ¿En los países donde la gente tiene las mejores aptitudes psicológicas? ¿O hay alguna otra respuesta a esta pregunta?

Investigaciones recientes sugieren que la riqueza aumenta la felicidad y que esto es así para una gran diversidad de personas, incluyendo los que ya son relativamente ricos y tienen sus necesidades básicas satisfechas. En uno de los estudios más completos hasta la fecha sobre la relación entre ingreso y felicidad, los economistas Betsey Stevenson y Justin Wolfers encuentran que la relación entre medidas de bienestar e ingreso es casi lineal en términos logarítmicos, lo cual quiere decir que el ingreso aumenta la felicidad hasta en niveles más altos de ingreso. Un estudio exhaustivo realizado por el economista y premio nobel Angus Deaton encuentra resultados parecidos, a saber, que, a mayor ingreso, más felicidad, hasta en contextos de riqueza relativamente alta[18].

Cierta literatura antigua sugiere que más riqueza no hace a los ciudadanos de países ricos más felices, por lo menos no más allá de un cierto nivel de riqueza. La evidencia principal en la que se basa esta literatura son cuestionarios que le preguntan a las personas qué tan felices son. Cuando un país tiene un ingreso per cápita por encima de $10,000 dólares al año, la relación entre ingreso y felicidad parece ser

---

[18] Ver por ejemplo Stevenson y Wolfers (2008, 2013), Sacks, Stevenson, y Wolfers (2010), y Deaton (2007).

débil. Algunos comentaristas sugieren que la curva se vuelve plana al nivel de la mitad del ingreso per cápita actual de Estados Unidos. Estos resultados ponen en duda la tesis de que el crecimiento económico genera rendimientos constantes en cuanto a una mayor felicidad[19].

A pesar de esta evidencia, veo que la riqueza y la felicidad se mueven juntas en el sentido más amplio, nuevamente sujetas a un entendimiento apropiadamente sofisticado de la riqueza.

La observación de que la relación entre riqueza y felicidad es casi plana dice más acerca de la naturaleza del lenguaje que sobre la naturaleza de la felicidad. Para dar un ejemplo, si se pregunta a personas en Kenia qué tan felices están con su salud, las respuestas darían una tasa de satisfacción bastante alta, no muy diferente de la tasa de satisfacción que obtendría donde hay mejor salud, y de hecho tal vez la tasa sería más alta que en Estados Unidos. La conclusión adecuada no es que los hospitales en Kenia posean poderes ocultos o que la malaria haya sido erradicada en Kenia, sino que los kenianos recalibraron su uso del lenguaje para reflejar lo que razonablemente pueden esperar en sus experiencias diarias. De forma similar, personas en contextos menos felices o en sociedades menos felices muchas

---

19 Sobre el aplanamiento de la curva, ver por ejemplo Helliwell (2002, 28). Otras fuentes relevantes son Argyle (1999), Oswald (1997), y Myers (2000). En general, mientras los países ricos se van volviendo ricos a través del tiempo, no se vuelven más felices. En algunos casos (ej: Estados Unidos 1946–1991), una mayor riqueza está correlacionada con menores niveles de felicidad; vea Dieter (1984), Blanchflower y Oswald (2000), Diener y Oishi (2000), Myers (2000), Kenny (1999), Lane (1998), Frey y Stutzer (2000), y Easterlin (1995). Sobre los Estados Unidos, vea Frey y Stutzer (2002a, 76–77). Para una crítica de la relación entre ingreso y felicidad desde la perspectiva del uso de tiempo vea Kahneman et al. (2006).

veces asignan un sentido menos ambicioso a la afirmación de que son felices. Por lo tanto, la evidencia basada en cuestionarios tiende a subvalorar la felicidad de personas en países más prósperos[20].

La literatura sobre la felicidad muchas veces se enfoca en aspiraciones. Desde esta mirada, cuando obtienes más, también empiezas a esperar más. Por lo tanto, una mayor riqueza se traduce en menor felicidad. Pero es poco probable que este hecho cause que desaparezcan todas las ganancias en materia de felicidad por un incremento de la riqueza. Similarmente al ejemplo de Kenia, el incremento de riqueza también provoca que las personas ajusten su lenguaje y afecta cómo responderían a preguntas acerca de su felicidad. Si la felicidad estuviera sujeta a un sesgo cognitivo, de igual manera el hablar de la felicidad también está sujeto a un sesgo cognitivo; es más, podría ser más fácil recalibrar su lenguaje que sus expectativas de felicidad.

Los ricos desarrollan estándares más altos para verse a sí mismos como «felices» o «muy felices». Si usted es un millonario que vive al lado de un billonario, podría ser menos propenso a reportar que está extremadamente bien, aun cuando su vida normal sea muy buena. Su incapacidad de dar un reporte espectacular no significa que pase todo su tiempo envidiando al millonario o sufriendo por su estatus relativamente más bajo; todavía puede presumir de su riqueza con otra gente, si así lo desea. Pero la presencia de su vecino más rico puede causar que use estándares más altos para su definición de los términos «feliz» o «muy feliz».

---

[20] Ver Deaton (2007).

De esa cuenta, hasta cuando se reportan niveles de felicidad constante a lo largo del tiempo, está implícito el crecimiento, dado que la palabra «feliz» toma significados más ambiciosos conforme la sociedad acumula más riqueza y mejores experiencias. Las mejoras de calidad de vida generalmente nos hacen sentir más felices, pero nuestras expectativas de felicidad y nuestro estándar para informar que somos felices se vuelve más exigente.

La afirmación de que mayor riqueza se correlaciona con mayor felicidad puede verificarse con la observación directa. Muchos individuos se esfuerzan por tener mayores ingresos, aun después de que experimentaron el fuerte impulso de la aspiración y el efecto de la cinta hedónica. No es que todos estén siendo engañados, sino que saben, a un nivel intuitivo, que el dinero va a ayudarles a conseguir fines valiosos o que va a ayudar a sus familias. Las personas valoran la felicidad para sus familias al igual que para ellos, aun cuando esta específica vertiente de felicidad sea indirecta y no siempre está reflejada en su humor diario o en las autoevaluaciones de un momento al otro.

También se da el caso de que, en un país, las personas más ricas reportan niveles de felicidades más altos que la gente más pobre[21]. Se ha demostrado, decisivamente, que la riqueza se acompaña de mayores grados de felicidad, a pesar de las habladurías sobre estudios de la felicidad que pretenden promover una visión revisionista de la riqueza material, cuyos resultados no han sido suficientemente rebatidos. Hasta cierto punto, un mayor nivel de felicidad

---

[21] Vea, por ejemplo, Dieter (1984), entre muchos otros.

autorreportado por los ricos podría reflejar un efecto de suma cero, principalmente porque la gente rica se siente mejor, y a su vez sus bienes hacen que los pobres se sientan peor. No obstante, es altamente improbable que todos los beneficios del bienestar material, o aun la mayor parte de las ganancias, se disipen en juegos de suma cero. Una vida con mayor riqueza es más fácil y feliz en términos absolutos por varias razones, como vimos arriba; la prueba es que la mayoría de los emigrantes busca los países ricos.

Si un hombre rico compra un Mercedes-Benz, su vecino puede sentir un gran descontento con su Volkswagen. A su vez ese mismo vecino, si tenía un Lada en Leningrado alrededor de 1976, podría expresar un nivel alto o al menos decente de satisfacción en un cuestionario de felicidad. Sin embargo, en términos absolutos, está mucho mejor teniendo un Volkswagen actualmente en América que un Lada en Leningrado en los 70. El Volkswagen es un auto bastante bueno, y el Lada se averiaba mucho y era muy difícil de arrancar. Entonces, aunque el vecino pueda tener envidia del Mercedes del hombre más rico, su ganancia de felicidad en términos de riqueza (y en mejores autos) no desaparece a causa de la envidia. Mejores autos realmente nos hacen sentir mejor. Para decirlo de otra manera: es mejor envidiar el Mercedes de su vecino que envidiar su caballo y carroza. Envidiar su transporte supersónico sería aún mejor.

Además de todas estas consideraciones, la felicidad no es una variable simple y única que pueda ser medida con exactitud. La felicidad significa muchas cosas diferentes para diferentes personas. Algunas personas tal vez busquen un estímulo temporal mientras otros quieran sentirse realizados al final de sus vidas, y otros tal vez busquen maximizar la calidad de su típico día. Otros van a buscar su felicidad compitiendo en estatus con sus colegas, mientras otros tenderán a ser introspectivos y buscarán deleites contemplativos. Lo más probable es que busquemos una mezcla de todos esos objetivos, pero con diferentes énfasis y pesos. Las sociedades más ricas ofrecen mejores oportunidades y más libertades para buscar su concepto predilecto de felicidad, aun cuando este privilegio no siempre aparece en las mediciones o en el único número generado por la agregación.

La literatura sobre felicidad tiene una mirada relativamente limitada sobre el bienestar humano. Usualmente la literatura empírica contemporánea sobre la felicidad empieza con la definición operacional de que, si se le preguntara una persona honesta y consciente de sí misma, se reportaría siendo feliz. Aun cuando esto describe apropiadamente una noción de felicidad, y tal vez sí lo hace, solo es un componente del bienestar humano. Una sociedad más rica ofrecería más opciones para elegir entre trabajo o amigos, emociones momentáneas o satisfacción a largo plazo, el disfrute de los hijos o una vida de viajes y teatro, y así sucesivamente.

Una economía más rica también nos da experiencias más fugaces de felicidad. Un individuo admitirá sentirse más feliz si acaba de encontrar dinero, o si su equipo de fútbol ganó un partido importante. Estas fuentes de felicidad van a ocurrir más frecuentemente en sociedades más ricas. Una economía comercial ofrece más artilugios nuevos, más vídeos entretenidos, y más encuentros fortuitos con gente interesante. Esto suena un poco superficial, y sin duda lo es, pero es una razón más por la que el crecimiento económico aumenta la felicidad de manera más compleja y plural[22].

La literatura sobre la felicidad nos muestra que muchos cambios de circunstancias individuales son irrelevantes para el bienestar, debido a los efectos del acostumbramiento y a las expectativas. Sin embargo, esta conclusión no invalida los beneficios más importantes del crecimiento económico. Aun cuando los cambios pequeños de ingreso son irrelevantes o casi irrelevantes para la felicidad, cambios suficientemente grandes en circunstancias de vida pueden mejorar o empeorar nuestro bienestar.

La mayoría de catástrofes crean una miseria significativa, ilustrando cómo los grandes cambios sí importan. Las personas que están muy enfermas tienen menos autonomía, experimentan más dolor y tienen más estrés por enfrentar su condición. La muerte de un hijo o un miembro de la familia cercana vulnera profundamente la felicidad de la mayoría de las personas, y estos efectos pueden persistir por años. Tortura, estrés extremo, violación y dolor físico intenso también producen depresión, trauma e infelicidad. Personas que han estado en guerras, revoluciones y colapsos del orden civil muchas veces experimentan *flashbacks* recurrentes, pesadillas, irritabilidad, depresión, alcoholismo, relaciones problemáticas y una incapacidad para concentrarse. Más allá de cuán psicológicamente problemáticas nuestras sociedades ricas y modernas pueden parecer,

---

[22] Vea Schwarz y Strack (1999) para algunos de estos dilemas. Levinson (2013) ofrece algunas observaciones interesantes sobre qué papel puede jugar la proyección (asumiendo la permanencia excesiva de eventos actuales) en estas evaluaciones.

la pobreza no es la solución a estos problemas, y de hecho hace que los problemas sean peores[23].

Algunos comentaristas dudan si las catástrofes extremas hacen que la gente se sienta peor. Por ejemplo, el comienzo de una discapacidad física severa puede causar que las personas cambien las expectativas que tienen de cómo será su vida. Al reducir sus aspiraciones pueden retener algunos o quizás todos sus niveles iniciales de felicidad, y por esa razón la pérdida de felicidad puede ser evadida. Sin embargo, comparando con personas saludables, las víctimas de catástrofes todavía reportan niveles de felicidad más bajos, y muchas de estas víctimas resisten años de sufrimiento fuerte. Pareciera ser que los mecanismos para sobrellevar la enfermedad funcionan peor cuando la condición de una persona va empeorando a lo largo del tiempo[24].

Entonces, en la medida en que una sociedad pobre da lugar a un empeoramiento continuo de las condiciones de vida de muchas personas, el sufrimiento humano asociado a dicha pobreza será mayor, y esto definitivamente representa una verdadera pérdida de bienestar humano. Una vez más, hay beneficios significativos para un crecimiento económico continuo y sostenible.

---

[23] Sobre el vínculo entre catástrofes e infelicidad, ver Dyregrov (1990), Lehman et al. (1987), Weiss (1987), Frederick and Loewenstein (1999), Lehman, Wortman, y Williams (1987), Archer (2001), y Wortman et al. (1992). Para evidencia sobre la dificultad de recuperarse de una violación, ver Meyer yTaylor (1986) y Wirtz y Harrell (1987).

[24] Sobre mecanismos de sobreviviencia, vea Brickman, Coates, y Janoff-Bulman (1978), Bulman y Wortman (1977), Kessler, Price, y Wortman (1985), y Wortman y Silver (1987). Sobre la idea de «el nucleo de angustia», ver Frey y Stutzer (2002a, 56), Wirtz y Harrell (1987), y Stroebe et al. (2001). Sobre cambios definitivos y deterioros continuos, vea Frederick y Loewenstein (1999).

Una mayor riqueza también funciona como un colchón frente a eventos catastróficos, o por lo menos frente a futuras pérdidas de riqueza. Hace diez o quince años, era común escuchar la aseveración de que una vez que una nación llega al nivel de riqueza material de Grecia, la felicidad se vuelve más o menos fija. En efecto, esto era más o menos cierto donde encontrábamos el punto de aplanamiento. Sin embargo, desde la crisis económica griega que empezó en 2009, nadie usa el ejemplo griego para hacer el término de comparación entre felicidad e ingreso. El país perdió casi un cuarto de su producto bruto, el desempleo creció a más del 20 por ciento, ha habido disturbios en las calles, un partido neonazi fue elegido en el congreso, y en algún momento no había medicinas básicas. Acumular reservas de riqueza adicionales previo a la crisis podría haber ayudado mucho al país, y tal vez prevenido los problemas en su totalidad y hacer más fácil el repago de la deuda.

Finalmente, si aceptamos el resultado empírico del «aplanamiento» de la relación entre riqueza y felicidad, los cuestionarios donde la gente reporta su propia felicidad son dados en circunstancias personales normales. Las preguntas no van a poder discernir la habilidad de economías más ricas de posponer o mitigar tragedias extremas. Por ejemplo, los indicadores de felicidad no pueden incorporar los beneficios de una mayor esperanza de vida. Las personas muertas o con discapacidad no pueden quejarse de su situación desde la tumba, a menos no en cuestionarios. La esperanza de vida aumenta con la riqueza, pero los indicadores autorreportados de felicidad no van a revelar este beneficio ya que los investigadores no encuestan a los muertos. Si un inmigrante o hijo de inmigrante, llena un cuestionario de felicidad, no hay ninguna comparación entre su situación actual y la situación antes de migrar, tanto como era o como hubiese sido. Por diseño, la investigación sobre felicidad se basa en un grupo fijo de personas que viven en circunstancias relativamente normales. Esto va a limitar la capacidad de medir algunos de los beneficios más grandes que trae consigo el crecimiento económico. La riqueza es extremadamente importante si queremos estar presentes para por lo menos tener la opción de responder cuestionarios de felicidad.

3

SUPERAR LOS DESACUERDOS

Los abrumadores beneficios del crecimiento económico nos ayudan a resolver conflictos sobre preferencias, y por lo tanto superar lo que llamo problemas de agregación. Por supuesto, no todos se benefician con una tasa más alta de crecimiento económico; algunos individuos hoy podrían preferir más consumo y menos trabajo y, por lo tanto, un régimen de tasas más bajas de crecimiento económico. Y aun si el crecimiento económico beneficia a muchas personas en el largo plazo, es improbable que todas las personas se beneficien todo el tiempo.

Pero, aun así, considere cómo el problema de las preferencias disímiles ha sido transformado. Cuando se dan tasas de crecimiento económico altas, hay un predominio de beneficios de un lado de la balanza.

Empezando en una situación de paridad, considere un incremento de uno por ciento en la tasa de crecimiento económico. Necesitaríamos 110.4 años para que, en proporción, un PIB valga tres veces más que otro (ajustado por tiempo de ocio y sostenibilidad). Si consideramos dos puntos porcentuales de diferencia en la tasa de crecimiento, precisaríamos un horizonte de tiempo de 55.5 años. Y si la tasa de crecimiento es más de 5 %, el tiempo requerido debería ser de solo 22.5 años para obtener esa proporción de 3 a 1.

Tenga en mente que el número de años que se utiliza para llegar a una proporción de 3 a 1, es comparando una tasa más alta de crecimiento con una más baja. Con el tiempo, si el crecimiento económico continúa, esa proporción de 3 a 1 será superada de forma perpetua y la brecha se incrementará. Con aumentos en el crecimiento de uno, dos o cinco puntos porcentuales netos, precisaríamos 161, 81 y 33 años respectivamente para que el PIB se quintuplique. Entonces la proporción de 3 a 1 es solo un hito temporal en el camino hacia discrepancias más altas de riqueza y (muy probablemente) de bienestar.

Los economistas a veces argumentan que la teoría conocida como el teorema de imposibilidad de Arrow hace que sea imposible resolver conflictos de preferencias. Pero una vez que consideramos la felicidad y el bienestar como características relevantes para comparar una decisión con otra, el teorema de imposibilidad de Arrow ya no aplica. El teorema original de Arrow da por hecho, por necesidad, que el «hablar de felicidad» (por ejemplo, la información sobre la utilidad interpersonal y cardinal) esté ausente de las comparaciones de estados sociales. Hay que pensar que el teorema de Arrow solo ve el tipo de información que se refleja en votos observables y en clasificaciones ordinales. Una vez que se introduce un conjunto de información más completo, los teoremas de imposibilidad estándar desaparecen y por eso no les presto mucha atención. Solo eran un gran problema en algunos marcos teóricos limitados, y por eso nunca fueron un problema en el mundo real[1].

El punto principal es simplemente que, si las ganancias para el futuro son grandes y continuas, esas ganancias deberían, tarde o temprano, pesar más, por un gran margen, que un costo de momento, y lo más probable es que esas ganancias traigan consigo otros valores.

Compare Corea del Sur con el África Subsahariana hoy en día. Como se argumentó anteriormente, un incremento sostenible en el crecimiento económico, adecuadamente entendido, va a promover muchos valores en el mediano y largo plazo. Seguramente, algunas personas van a estar peor y algunos valores, en el mediano plazo, no van a ser favorecidos. En este aspecto, los problemas de agregación no

---

[1] Vea Sen (1984). Aparte, considere cómo un análisis de costo-beneficio tradicional invoca el principio de «compensación potencial» para evaluar la importancia relativa de ganadores y perdedores en políticas. En este enfoque, la pregunta principal es si los beneficios del ganador exceden las pérdidas del perdedor, o si los ganadores podrían indemnizar a los perdedores en términos de riqueza. Si es así, el análisis de costo beneficio aprueba la política, porque en principio podría ser transformada en una situación donde todos se benefician. Esto es no es usual en una comparación de utilidad interpersonal, pero en la práctica funciona como tal. En muchos casos en el mundo real, la compensación del ganador al perdedor no ocurre o se toma seriamente. Entonces estamos juzgando un set de beneficios como socialmente "más valioso", y muchas veces los márgenes netos de ganancias son muy pequeños. Hay que notar, que la diferencia bruta en las comparaciones de ingreso real va a limitar el alcance para la transitividad de resultados y el problema de doble conmutación que señalan Chipman y Moore (1978).

desaparecen. No obstante, las alternativas no ofrecen por lo general el equivalente en términos de valores e intereses en cada lado de la balanza, con un lado siendo mejor que el anterior, hasta cierto punto. Corea del Sur está mucho mejor que, por ejemplo, la República Democrática del Congo por un margen considerable. La alternativa con un crecimiento más alto a la larga ofrecerá una preponderancia clara y constante de valores a su favor, ya sea en estándares de vida, derechos de la mujer, libertad de decisión, la lucha contra la pobreza u otros valores importantes. ¿Entonces por qué no elegir esa opción y reconocer que tenemos motivos racionales para preferirla?[2]

Este enfoque al problema de agregación coincide con una moralidad de sentido común. No todos pueden estar, todo el tiempo, felices con todo, pero no obstante deberíamos elegir la opción que logra que el mayor número de personas esté mejor. Gran parte de los valores más importantes van a estar presentes también.

Elegir la política pública que favorezca el crecimiento soluciona algunos problemas pendientes en materia de ética. Por ejemplo, tradicionalmente en economía —al menos antes la revolución en el campo de economía del comportamiento y la integración con la psicología— era usualmente aceptado que lo que una persona elige, o elegiría, es un buen indicador de su bienestar. Pero las preferencias individuales no siempre reflejan bien los intereses individuales. Las preferencias expresadas en el

---

[2] Ronald Dworkin (1980) presenta una crítica filosófica del principio de compensación potencial. El argumenta que la riqueza no puede ser un fin en sí mismo y que deberíamos prestarle más atención a lo que sea que pensamos que la riqueza está intentando representar.

mercado muchas veces parecen irracionales, vengativas o moralmente dudosas, como se evidencia por un amplio número de vicios, desde el antojo por el azúcar refinada hasta la pornografía y boletos de lotería con bajísimas probabilidades de éxito. Dadas estas imperfecciones humanas, ¿por qué debería el concepto de satisfacción de preferencias ser tan importante? Aun cuando esté dispuesto a racionalizar o defender algunas de estas decisiones, en muchos casos parece obvio que satisfacer preferencias no hace a la gente más feliz ni tampoco hace que el mundo sea un mejor lugar.

Enfocarse en los beneficios de largo plazo evita estos dilemas. Una hamburguesa de queso no vale solo $4.89, si considero su impacto potencial en mi salud en el futuro. La disponibilidad de la quesohamburguesa manipula mi deseo, programado por la evolución, de más grasa, en detrimento de mi expectativa de vida. Pero al mismo tiempo, vivir en una sociedad más rica, llena de comida rápida, es siempre mejor para la mayoría de las personas, incluyendo para su salud. A pesar del problema de obesidad en EE.UU., el cual es real, la expectativa de vida sigue incrementando con la riqueza. Lo que es más: son las personas ricas y bien educadas las que tienden a ser más delgadas o tener más éxito con sus dietas.

Cuando pasa un tiempo prudencial, las comparaciones relevantes son más obvias, dado que está en juego una mayor tasa de crecimiento económico. Es más probable que una persona estaría mejor si viviera cinco años más, utilizando anestesia en el dentista, disfrutase de comida abundante, tuviese más años de educación y no perdiera un hijo por enfermedades prematuras. Similarmente, si el crecimiento económico continúa, personas de aquí a cien años también estarían mucho mejor. En algún momento estos beneficios acumulativos serán lo suficientemente robustos para tener más peso sobre instancias de preferencias irracionales o equivocadas. Con otras palabras, este enfoque también soluciona algunos problemas de agregación de preferencias para la persona misma. Si parte suyo quiere una hamburguesa de queso y otra quiere brócoli, tal vez sea difícil tomar una decisión de lo que sea mejor tomando en cuenta todos los factores. ¿Es más importante lo rica que es la hamburguesa, o su salud? Sin embargo, cuando tenemos la oportunidad de elegir una planta crusoniana —tasas de crecimiento económico más altas— podemos salir adelante con un conjunto de juicios bastante contundente. Al transcurrir el tiempo, la sociedad más rica haría que casi todas las personas estén mucho mejor.

En resumidas cuentas, si hacemos una comparación lo suficientemente amplia y larga, vamos a ver que para muchas decisiones los problemas de agregación no son tan serios, o al menos no tan paralizantes. Dada esa realidad más alegre, quisiera definir para efectos prácticos dos principios. En primer lugar:

El Principio de Crecimiento: Deberíamos maximizar la tasa de crecimiento económico sostenible, definida en términos del concepto de Plus Riqueza.

El Principio de Crecimiento traería al estudio de la economía de vuelta a sus raíces con Adam Smith. Smith mantenía un enfoque directo y de sentido común hacia la economía política. Él entendió que los beneficios del crecimiento acumulado eran significativos, especialmente con el paso del tiempo. No es un accidente que su tratado de economía fue titulado *Una Investigación Sobre la Naturaleza y las Causas de la Riqueza de las Naciones*.

Por cierto, solo veo un episodio en la historia de la humanidad en la que el Principio de Crecimiento fue clara e inequívocamente aplicado, y eso fue en el milagro económico de las economías del Este Asiático, que incluyen a Japón, Corea del Sur, Taiwán, Singapur y China (con una advertencia sobre sostenibilidad en el caso de la China). Estas historias son normalmente consideradas como grandes éxitos económicos, y por supuesto que lo son, pero son más que solo eso: también representan la manifestación del bien ético en la historia económica hasta la fecha. Mientras Hegel veía el Estado Prusiano del siglo diecinueve como la manifestación de la voluntad de Dios en la historia, yo le estoy asignando una importancia comparable (pero secular) a los milagros económicos del Este Asiático. La palabra «milagro» realmente aplica.

Al segundo principio lo llamo el Principio de Crecimiento Más Derechos.

El Principio de Crecimiento Más Derechos: Donde aplique, los derechos humanos inviolables deberían limitar la búsqueda de un mayor crecimiento económico.

Tenga en cuenta que estoy trabajando con un enfoque pluralista en vez de un enfoque utilitario limitado. Voy a retomar el estatus y naturaleza de dichos derechos más adelante, pero por ahora solo piense en esos derechos como vinculantes y absolutos. Eso significa: no viole los derechos humanos. Si estuviéramos dispuestos a intercambiar estos derechos por un paquete de otros valores plurales, en un horizonte de tiempo suficientemente largo los beneficios del crecimiento económico triunfarían en su importancia sobre los derechos, y en esencia los derechos dejarían de ser relevantes. En otras palabras, la presencia de plantas crusonianas significa que los derechos —si vamos a creer en ellos— tienen que ser sólidos y su importancia tiene que ser casi absoluta si van a ser relevantes para nuestras comparaciones.

El filósofo Robert Nozick escribió sobre los derechos como si fuesen «restricciones adyacentes». La especificación particular de estas restricciones adyacentes no tiene que coincidir con la visión libertaria de Nozick, o coincidir con su apego absoluto a todas las formas de propiedad privada o su oposición a la mayoría de tipos de impuestos. Aun así, estos derechos van a cumplir con la noción de derechos de Nozick como restricciones al set de decisiones de una persona o institución. Nuevamente, hay algunas cosas que simplemente no deberíamos hacer. A mi forma de ver, casi todos creen en derechos de algún tipo, y pensar en términos de plantas crusonianas y problemas de agregación nos ayuda a identificar cómo estos derechos encajan dentro de una teoría moral, es decir, que tienen que ser bastante sólidos y casi absolutos.

Note que las nociones tradicionales de «derechos positivos» o «libertades positivas»—ambas referidas a las oportunidades de las que tienen las personas— no encajen dentro de esta concepción de derechos. El concepto de libertades positivas es importante, pero ya está cubierto por el imperativo de maximizar el crecimiento sostenible. No hay necesidad de contabilizar dos veces las libertades positivas, y de hecho hacerlo sería un error. El resultado es que estos derechos negativos, aun cuando son restrictivos, representan un conjunto reducido de restricciones básicas, una serie de órdenes sobre lo inadmisible de varias formas de asesinato, tortura y abuso.

Habiendo dicho eso, más adelante voy a argumentar que deberíamos violar derechos para prevenir resultados extremadamente negativos que involucren la extinción de valor por completo, como, por ejemplo, el fin del mundo, como a veces se postula en experimentos de pensamiento filosófico. Si le quitamos todas las precondiciones básicas al razonamiento moral y todas las bases empíricas a nuestros juicios y construcción de nuestras plantas crusonianas, las nociones sensibles acerca de derechos probablemente no apliquen o por lo menos su estatus pierde fuerza. En ese sentido, estos derechos postulados no son tan absolutos, por lo que anteriormente utilicé la frase «casi absolutos». Aun así, y para concretar, en los más de cuarenta años que llevo leyendo la prensa, jamás he visto un ejemplo de una decisión de la vida real que sea tan extrema que yo no quiera o pueda aplicar al caso el razonamiento básico sobre derechos.

¿Acaso no hay otras excepciones a las reglas?

¿Qué tan lejos se extiende este principio de maximización del crecimiento? Por ejemplo, ¿qué ocurre si pequeñas políticas individuales afectan al crecimiento únicamente cuando se consideran como parte de un conjunto colectivo más grande de políticas que mejoran el crecimiento? ¿Deberíamos entonces en esa instancia ser más agnósticos frente a esa política individual? ¿O podemos agrupar esas políticas individuales de alguna manera y pensar en términos de un conjunto de compromisos más estricto y exhaustivo? ¿Y cómo se aplicaría esto a los derechos?

Para analizar estas preguntas con un ejemplo claro, consideremos uno de los «Errores en Matemática Moral» de Derek Parfit. Es algo parecido a esto: si un escuadrón de fusilamiento de seis tiradores mata a una persona inocente, y todos disparan acertadamente a su corazón, ¿podemos decir que cualquiera de los tiradores es un asesino? Después de todo, el «producto marginal» de cualquiera de los tiradores es cero. ¿Deberíamos tener un castigo o invertir recursos en prevenir las acciones de cualquiera de los tiradores? ¿Importa cuál de las balas llegó primero? ¿Deberíamos abstenernos de enjuiciar asesinatos en grupo de este tipo?

Prácticamente todos estarían de acuerdo que participar de ese tiroteo está mal. Aun cuando una bala adicional no cambie el trágico desenlace, si vemos que la bala es parte de una regla generalizada sobre cómo tratar a otras personas —«no dispare a gente inocente» la suma total del comportamiento de seguimiento de reglas salvaría la vida de la víctima. En este caso tanto la deontología de derechos humanos y un enfoque de consecuencialismo de reglas nos señalan el camino correcto, es decir no disparar la bala adicional. Además, el enfoque de «el producto marginal importa por sí solo» para preguntas de esta naturaleza, induciría consecuencias prácticas calamitosas. Por ejemplo, más y más asesinatos serían llevados a cabo por grupos grandes de personas para que ninguna persona sea responsable. Los gobiernos obviamente no quieren permitir esta escapatoria moral o legal, y esa es una de las razones por las que un enfoque hacia la moralidad basado en reglas es, hasta cierto punto, inevitable[3].

El ejemplo del tirador es ficticio, pero se aplica a muchas situaciones de la vida real. Tal vez un acto único de corrupción no tiene efectos nocivos, pero la corrupción en general es dañina, y muchos actos de corrupción destruirán un gobierno. ¿Estaríamos justificados en condenar un solo acto de corrupción con un buen grado de rigor y severidad sin preocuparnos demasiado sobre si un acto realmente importara en el largo plazo? Un acto único de debilidad no va a dañar la credibilidad de una persona, pero muchos actos sí lo harán. Una mejora única en procedimientos tal vez no incremente mucho la autenticidad general de la ciencia, pero una colección más amplia de dichas mejoras podría hacer una gran diferencia. Muchas violaciones al estado de derecho pueden parecer suficientemente inofensivas pero un gran número de ellas puede ser desastrosas si tomamos en cuenta las expectativas de largo plazo y los efectos de incentivos. En muchos de estos casos juzgamos el acto individual aparentemente indiferente, en términos de un patrón más amplio de comportamiento al que pertenece, y por ende podemos imaginar como un imperativo moral el tratar de producir un conjunto más grande de acciones grupales[4].

---

[3] Ver Parfit (1987, 67) para un ejemplo relacionado y mas complejo. Para tomas mas recientes de este dilema y problemas similares, vea Kagan (2011) y Nefsky (2012), y vea Temkin (1996) para un posible rol para el problema de Sorites.

[4] Sobre el caso de las reglas, ver Brennan y Buchanan (2000), Epstein (1997),y Kydland and Prescott (1977), entre muchos otros. Cowen (2011) presenta mis ideas previas. Glazer y Rothenberg (2005) muestran cuantos temas de politicas incluyen problema de consistencia temporal. Vea tambien la literature sobre reglas vs. utilitarismo de acciones, por ejemplo Brandt (1963), Lyons (1965),

Algunos de nosotros podríamos dar un paso hacia atrás en horror sobre la noción de la vida, o una sociedad, en la que todo está gobernado por reglas estrictas sin excepciones. Pero no tema: las reglas no adquirían poderes tan extremos, porque la mayoría de ellas no son tan importantes como la regla de maximización del crecimiento. Lo que hace que la regla de maximización del crecimiento sea tan irresistible es su apego a una planta crusoniana, es decir, reporta ganancias muy grandes, continuas y de hecho combinadas en bienestar humano. Algunas reglas como «nunca mentir» constan de contraejemplos vergonzosos si el mentir puede traer consigo beneficios prácticos en algunas instancias. Pero una regla de «maximizar la tasa de crecimiento económico sostenible» no enfrenta un problema semejante. Por definición, la regla nos está diciendo que sigamos resultados con un predominio de beneficios sobre costos. Entonces, los costos prácticos pueden anular o modificar ciertas reglas, pero no van a limitar el Principio de Crecimiento, que solamente va a estar limitado por derechos humanos absolutos o casi absolutos.

En otras palabras, maximizar el crecimiento sostenible como una regla imperativa no deja que reglas como «siempre organizar sus libros por autor en vez de título» tengan una fuerza moral comparable, si es que tiene alguna fuerza. Una vez que vamos más allá de derechos humanos absolutos y trabajamos hacia una planta crusoniana (en este caso, crecimiento económico sostenible), mucho de lo que quede de moralidad será de naturaleza práctica, propensa a

---

Regan (1980), Slote (1992), Hooker (2000), Mackie (1985), Scarre (1996), y Feldman (1997). Este problema ha estado presente en el utilitarismo de reglas desde William Paley en el siglo deiciocho; ver Schneewind (1977, 125–127).

excepciones, dependiente del contexto, y no ejercerá mucha tiranía sobre nuestras vidas. No tendría mucho que ver con reglas, a menos que otra perspectiva, fuera del alcance de los argumentos que tenemos a mano, establezca que las reglas son el camino adecuado a seguir[5].

Al finalizar estos argumentos, llegamos a una sorpresiva conclusión. Si el horizonte de tiempo es suficientemente largo, los únicos valores no relacionados al crecimiento que van a vincular decisiones prácticas son las restricciones adyacentes absolutas, o los derechos humanos inviolables. En otras palabras, los ideales duales de prosperidad y libertad serán fundamentales para la ética. Voy a retomar algunos argumentos para los derechos humanos inviolables más adelante, pero mientras tanto tenemos una fórmula práctica, relativamente directa y exclusiva («no adores a otros dioses»), de «Crecimiento y Derechos Humanos».

Ahora voy a mirar al asunto del horizonte de tiempo en más detalle. Si el horizonte de tiempo apropiado para nuestras decisiones es muy corto, ninguno de estos argumentos va a tener éxito. Voy a mostrar porque el horizonte de tiempo importa tanto y porque deberíamos —en la mayoría, pero no todos, los casos —pensar en términos de horizontes de tiempo muy largos.

---

[5] Un artículo interesante sobre temas relacionados es Väyrynen (2006).

4

¿ES EL TIEMPO UNA ILUSIÓN MORAL?

Cuando programo mi cita con el dentista, me pregunto si debería ser para esta semana o la siguiente. ¿Hay algo que ganar o perder si se mueve la incomodidad de un punto en el tiempo a otro? ¿Hay alguna razón justificable para retrasar la cita simplemente por posponer la incomodidad?

Muchas veces estamos tentados a poner el placer en primer lugar y posponer nuestros quehaceres y dolores. El presente es tan real y vivido, y el futuro parece tan distante y abstracto. Muchas personas no pueden comprender completamente que cuando llegue el futuro, va a ser tan real como lo es el presente ahora mismo.

Me sorprenden las respuestas de las personas cuando tienen opción de elegir entre el presente inmediato, el futuro y el futuro lejano. Muchas veces están sesgados hacia el presente inmediato. Por ejemplo, una persona podría darse cuenta de que un beneficio en dos años tiene casi el mismo valor que un beneficio en tres años. Esa es una postura racional. Sin embargo, esa misma persona, puede preferir un dólar hoy a tres dólares en tres semanas[1]. Pero cuando la comparación es entre 10 años o 20 años desde ahora, las personas exhiben mucha más paciencia, y muchas personas hasta dirían que un beneficio de aquí a diez años sería casi igual de valioso que el mismo beneficio de aquí a 20 años.

En otras palabras, las preferencias individuales temporales usualmente se enfocan en el plazo inmediato comparado con el plazo poco distante. Si podemos superar nuestra impaciencia inicial por recibir una recompensa ahora, nuestra mente es capaz, en muchas ocasiones, de ver que deberíamos preocuparnos de igual manera sobre el futuro lejano que sobre el futuro menos distante. En general, somos bastante racionales acerca del tiempo, excepto por esta fijación sobre vivir en el momento «actual» y el horizonte de tiempo «inmediato».

Estamos programados para el aquí y ahora por razones que son inaplicables a muchas decisiones de política pública y son obsoletas como una herramienta fundamental de razonamiento moral. Los seres humanos evolucionaron bajo condiciones brutales de cazadores y recolectores; tenían buenas razones para prestarle atención especial al aquí y ahora. Si no te iba bien en el «ahora», podría no haber un mañana. Si no comías un pedazo de carne, se pudría o era robado por tu vecino o comido por algún animal. No era como estar sentado encima de tus bonos del tesoro en tu

---

[1] Sobre esa tasa de descuento, ver Frederick, Loewenstein y O'Donoghue (2002).

cuenta de retiro. Entonces tal vez tengamos una preferencia biológica innata por el «ahora», pero nos iría mejor si podemos sobrellevarla, y si podemos recurrir a esa parte de nosotros que reconoce que un beneficio de aquí a veinte años es casi igual de valioso que el mismo beneficio de aquí a treinta años.

Si usted es el tipo de persona que está más propensa a aprovechar el beneficio actual, podría irle mejor si hace lo posible por encontrar la manera de conectar esas ganancias inmediatas a una ganancia aún mayor en el futuro. Las personas que más problemas tienen en hacer esa conexión son los jóvenes, personas sin educación, y aquellos con un coeficiente intelectual bajo y con problemas cognitivos o de autocontrol. Esas personas son las mismas que probablemente tengan más problemas de obesidad, apuestas, control de sus impulsos y hasta violencia. Estas correlaciones no prueban filosóficamente que sus decisiones impacientes son incorrectas (tal vez los apostadores son más sabios y el resto de nosotros somos los tontos que nos estamos perdiendo de algo muy bueno), pero sí dan sustento a la idea que estas personas están cometiendo un error. Están fallando en imaginarse el futuro y su importancia. Más evidencia sugiere que niños impacientes tienen peores resultados en el colegio y más problemas disciplinarios[2].

Muchas veces la elección entre el presente y el futuro se da a nivel social. Muchas políticas sociales determinan si los beneficios y costos vienen antes o después, y si tenemos

---

[2] Castillo et al. (2011). Ver tambien Moffitt et al. (2011) y Mischel, Shoda, y Rodriguez (1989). Sobre la conexión entre paciencia y medidas de habilidad cognitiva, ver Frederick (2005). Ipcher y Zarghamee (2011) estudian la relación entre los efectos positivos y las preferencias temporales.

que tomar una decisión, necesitamos decidir qué tan impacientes vamos a ser. Me preocupo sobre las implicaciones lógicas de la impaciencia, si la fuéramos a aplicar en un horizonte de tiempo más largo. Hace un tiempo, escribí esto con Junto con Derek Parfit[3]:

¿Por qué los costos y beneficios deberían recibir menos peso, simplemente porque están más lejos en el futuro? Cuando llegue el futuro, esos beneficios y costos no van a ser menos reales. Imagínese enterarse de que, acabando de cumplir veintiún años, se va a morir pronto de cáncer porque una noche Cleopatra quería repetir el postre. ¿Cómo podría justificarse esto?

Los economistas y otros científicos sociales a menudo hablan de una «tasa de descuento». Una tasa de descuento nos permite comparar los beneficios en el futuro con los beneficios (o costos) actuales cuando tomamos decisiones. Cuando la tasa de descuento es alta, contabilizamos los beneficios y costos futuros en menor medida. Hablamos en términos de placer (o dolor) como si existiese una escala real de valor para analizar las magnitudes. Una tasa de descuento anual de cinco por ciento significa que 100 unidades de placer hoy, equivalen a 105 unidades de placer en un año. Una tasa de descuento de diez por ciento representaría 110 unidades de placer en un año, y así sucesivamente.

Una tasa de descuento cero significa que un beneficio (o costo) futuro cuenta igual que un beneficio comparable en el presente. Una persona con una tasa de descuento de cero no vería el punto en postergar ir al dentista. No hay razón para no acabar con eso de una vez.

---

[3] Cowen y Parfit (1992, 145).

Si hay una cosa que hemos aprendido es que las tasas de descuento importan. En su vida personal influye qué tan esforzadamente trabaja, cuándo toma y apuesta y qué tipo de educación recibe. A nivel social la tasa de descuento se aplica a preguntas como qué tan intensamente deberíamos estar peleando el cambio climático y qué tanto deberíamos invertir en preservar la biodiversidad. Si descartamos la importancia del futuro lejano, no será imperativo tomar acción. Pero si prestamos atención al futuro lejano, veremos estos asuntos como preocupaciones mayores.

Descontar también importa para determinar qué tan decididamente vamos a buscar tasas de crecimiento económico más altas. Una tasa de crecimiento más alta significa que el futuro, en algún momento, va a ser mucho más rico de lo que sería sin tanto crecimiento, y como argumenté anteriormente, también significa que los seres humanos estarán mucho mejor. ¿Qué tan comprometidos deberíamos sentirnos sobre alcanzar este futuro más rico? Si solo se preocupa por el presente, no va a estar motivado para actuar a favor de un crecimiento sostenible más alto.

La mayoría de nosotros somos altruistas, especialmente hacia nuestros hijos y nietos. Pero esta forma de altruismo parcial no hace que nos importen muchos los nietos de otras personas. Las personas usualmente se comportan de manera egoísta cuando votan o toman decisiones que afectan a generaciones futuras en su conjunto. Los horizontes de tiempo político tienden a ser muy cortos, durando usualmente solo hasta la próxima elección o el próximo ciclo de noticias. Los votantes siempre prefieren recibir más gasto de gobierno ahora y postergar los impuestos necesarios para el futuro lejano. Pocos gobiernos hacen todo lo posible para promover más crecimiento económico para el futuro lejano. El tema principal es que preocuparse por el futuro no es algo que ocurre automáticamente, aun cuando usted quiere, o va a querer mucho, a sus nietos. Cuando se trata de la tasa de descuento para decisiones sociales, necesitamos elegir sabiamente.

Para ciertas decisiones, como cortar o no un árbol, las fuerzas de mercado inducen incluso a la gente egoísta a pensar en el futuro lejano. Si no corta el árbol, podría valer más dinero. Si es dueño de una pintura de Rembrandt, probablemente la mantendría en buen estado, aun si fuese un egoísta sin cultura que no le importe el patrimonio artístico los holandeses. Sin embargo, estos tipos de ejemplos solo son válidos cuando hay derechos de propiedad bien definidos sobre activos específicos. Las motivaciones detrás de estos comportamientos no nos empujarían a preservar el ambiente o maximizar la tasa de crecimiento económico sostenible. Para remarcar, el nivel adecuado de preocupación hacia el futuro más lejano no es automático, al menos no para una amplia variedad de casos.

Expresado de otra manera, cuando se trata de bienes no intercambiables y almacenables, los mercados no reflejan las preferencias actuales de personas que todavía no han nacido. El campo de la economía conocido como la economía del bienestar, apunta a los mercados perfectos como un ideal normativo, a pesar de que las generaciones futuras no pueden intervenir en los mercados actuales. Si imaginamos a las generaciones futuras participando en transacciones actuales, las decisiones irían más a su favor. En 2018, las personas de 2068 no pueden expresar sus preferencias sobre muchas de las decisiones que estamos tomando hoy, como por ejemplo qué tan rápido incrementamos la riqueza futura o en qué medida intentamos mitigar los riesgos de catástrofes serias[4].

Ahora consideremos algunas decisiones básicas sobre cómo valorar el futuro. De nuevo, piense en un tomador de decisiones ponderando intereses actuales y futuros, en este caso de vidas humanas. La manera cómo funciona el descuento es que, si descontamos el futuro en un cinco por ciento, la muerte de una persona hoy día vale cerca de treinta y nueve mil millones de muertos dentro de 500 años. Sucesivamente, con la misma tasa de descuento, una muerte de aquí a doscientos años equivale a 131.5 muertes en trescientos años. Reflexionando, pocas personas, dejando de lado su interés egoísta en el período de tiempo actual, tomarían en cuenta estas conclusiones como una base para tomar decisiones éticas[5].

Considere la comparación en perspectiva. Bajo cualquier tasa de descuento positiva, no importa qué tan baja, una vida hoy puede valer más de un millón de vidas en el

---

4 Para ver cómo funciona esto, considere un futuro más próspero de aquí a 100 años. A pesar del nivel más alto de riqueza, algunas personas tal vez mueran por decisiones actuales, como negligencia ambiental. Si esas personas pudiesen proponer alguna política actual, seria una mayor preocupación sobre el futuro. Si pensamos en el crecimiento de la riqueza como (casi) equivalente al interés o sus tasas de descuento, sus propuestas, en términos actuales, tendrían un peso igual al nuestro. Y si la propuesta tiene el potencial de tener un gran impacto en sus vidas, las generaciones futuras podrían ser los postores dominantes en la evaluación de una política. Sin embargo, los precios actuales de mercado, no les dan ningún peso, o solo a través de nuestro altruismo imperfecto. Piense en esto como más evidencia que los métodos actuales de asignación de recursos están subvalorando a las generaciones futuras.

5 Sobre como personas responden preguntas acerca de vidas actuales y futuras ver, Frederick (2003, 2006).

futuro. Si utilizamos un horizonte de tiempo muy largo hasta podría valer la sobrevivencia de la raza humana. De cualquier forma, por lo menos deberíamos ser escépticos sobre la aplicabilidad de las tasas de descuento positivas a todas las decisiones. A veces debemos ser menos impacientes y prestar más atención al futuro.

Aun si cree que la impaciencia personal a veces está justificada, la impaciencia no justifica la tasa de descuento positiva de bienestar a lo largo de las generaciones. La preferencia intertemporal puede significar que una persona prefiere un buen asado para su cena lo más pronto posible. Aun si esto es racional —después de todo, estás más hambriento cada minuto que pasa— este tipo de preferencia intertemporal no aplica a lo largo de horizontes de tiempo más largos, incluyendo generaciones futuras. Nuestros tátara nietos que aún no han nacido no van a recibir los beneficios por un buen tiempo. Pero mientras tanto, no están sentados esperando impacientemente con estómagos vacíos. No puede ser argumentado que su pedazo de tiempo simplemente vale menos porque tienen que esperar por él. De igual manera, no puede ser argumentado que los campesinos medievales se beneficiaron por haber nacido antes que nosotros y haber comido su pan antes. Cuando consideramos períodos de tiempo largos y contamos los años antes que las personas nazcan, necesitamos descartar la impaciencia como un factor relevante porque simplemente no aplica. La preferencia intertemporal no justifica descuentos significativos del futuro lejano, aún si justifica el deseo de Tom de comer su cena de asado lo antes posible[6].

Otra forma de pensar sobre el porqué una tasa de descuento alta es mala incluye un experimento mental algo inusual (algunos dirían disparatado). La teoría de la relatividad de Einstein sugiere que no hay una respuesta objetiva a la pregunta «¿Qué es el tiempo?» Cualquier medida de tiempo (¿cuándo es «ahora»?) es relativa a la perspectiva de un observador, y a la velocidad de ese observador relativa a la velocidad de la luz. En otras palabras, si está viajando muy rápido, está desplazándose hacia el futuro a un ritmo muy rápido. Sin embargo, parece raro, por decir lo menos, descontar el bienestar de las personas mientras su velocidad va incrementando. Si, por ejemplo, lanzamos una nave espacial casi a la velocidad de la luz, los astronautas volverán a la tierra millones de años después, casi sin envejecer. ¿Deberíamos prestarle menos atención a la seguridad de nuestra nave, y por lo tanto al bienestar de nuestros astronautas, mientras más rápido viaje la nave? ¿Deberíamos —como resultado de la tasa de descuento positiva— no darles suficiente combustible para poder tener un aterrizaje seguro? ¿Y si decide no condenar a estos valientes astronautas a la

[6] Note, por cierto, que la preferencia temporal personal, es un poco difícil. ¿Qué pasa si estoy muy hambriento y quiero comer ahora en vez de después? ¿Esto cuenta como una preferencia temporal? ¿O una preferencia temporal implica que la misma «experiencia de comida»—manteniendo el nivel de hambre constante— debería ser preferida antes en vez de después? Si mantenemos todo constante, ¿en qué sentidos podemos siquiera decir que el tiempo ha pasado? Entonces el paso del tiempo significa que las cláusulas *ceteris paribus* no pueden ser totalmente estrictas, pero ahí volvemos a la pregunta de que debería variar con el paso del tiempo. Podría decirse que en todas las instancias de «bienes en diferentes periodos de tiempo» son simplemente diferentes bienes, notando que los economistas definen «bienes» en términos de preferencias reveladas e indiferencia. Estos problemas confusos no han sido solucionados, pero si ponen arrojan más dudas sobre la idea de la racionalidad de la preferencia de tiempo puramente positiva *per se*.

muerte, como son ellos diferentes de otras personas que viven en el futuro lejano?

En vez de dejar que nuestros astronautas se mueran, podemos pensar sobre el universo como un bloque de espacio-tiempo con cuatro dimensiones. No descontaríamos, de antemano, el bienestar humano por la distancia temporal, como tampoco descontaríamos el bienestar humano por su ubicación espacial *per se*. En términos morales, tal vez el tiempo sea una ilusión, como sugirió Buda hace miles de años.

Habiendo dicho eso, el descontar por riesgo es justificable, en tanto que descontar solamente por el paso del tiempo no lo es. Si un beneficio futuro es incierto, deberíamos, en consecuencia, descontar ese beneficio porque tal vez no llegue. Pero dicha práctica no hace menos relevante la preocupación profunda por el futuro lejano. Es precisamente porque descontamos por riesgo que buscamos proteger nuestro futuro contra grandes tragedias, de este modo haciendo que el futuro sea menos riesgoso. Si, por ejemplo, incrementamos la tasa de crecimiento sostenible de largo plazo, estamos haciendo que el futuro sea menos riesgoso. En vez de ignorar el riesgo, una perspectiva a futuro internaliza el riesgo de largo plazo e intenta reducirlo. El factor de riesgo puede incentivarlo a gastar su dinero ahora, porque si no alguien se lo robaría. Pero no nos desincentivará de preocuparnos mucho por el crecimiento sostenible de largo plazo.

Antes de seguir, consideremos la relevancia de las comparaciones numéricas que hicimos anteriormente aplicadas a los eventos que ocurrirían cien, doscientos o quinientos años en el futuro. Puede parecer que nada que hagamos hoy pueda afectar al mundo tan lejos en el tiempo, más aun cuando se trata de políticas públicas. Sin embargo, la evidencia más reciente sugiere que decisiones económicas buenas (o malas), y la existencia general de prosperidad, tienen efectos persistentes que se extienden por siglos. Las políticas coloniales de los siglos dieciséis y diecisiete tienen efectos persistentes sobre la prosperidad hoy en día, e incluso hay investigaciones que sugieren que la prosperidad de una región antes del nacimiento de Cristo predice el nivel de prosperidad de esas regiones hoy en día[7].

Cualquiera que sea la razón, buenas instituciones y una historia de prosperidad tienden a tener efectos duraderos. La riqueza puede financiar y hacer posible un mejor gobierno, y eso a su vez da lugar a una mayor riqueza y mejores instituciones. Una memoria institucional de éxito económico y buena gobernanza pueden persistir por períodos largos de tiempo. Las prácticas culturales como la aptitud para los negocios o tener un interés en mercados externos pueden durar por siglos.

Inglaterra, que lideró la Revolución Industrial, tenía características institucionales positivas que se remontan muy atrás en su historia como lo fueron mercados laborales relativamente libres en tiempos medievales, un solo lenguaje, un ejército y un parlamento. Estas características institucionales del imperio luego fueron trasladadas a través de

[7] Spolaore y Wacziarg (2013) resumen esta investigación. Acemoglu, Johnson, y Robinson (2001, 2002, 2005) muestran como decisiones e instituciones de la era colonial todavía afectan el desempeño económico hoy en día. Comin, Easterly, y Gong (2010) muestran hasta qué punto la riqueza regional en el año 1000 a.C. todavía predice la riqueza regional hoy en día.

océanos, como cuando los británicos colonizaron gran parte de Norte América, Australia y Nueva Zelanda (aunque no cada región se benefició de los aspectos más positivos del régimen británico). No es un accidente que muchos de los territorios originales del imperio Romano permanecen como algunas de las naciones más exitosas y ricas en el mundo. China también era una nación relativamente rica en tiempos antiguos y esa prosperidad está reemergiendo hoy en día. Por siglos emprendedores chinos en todo el mundo han mostrado tener una habilidad especial para el comercio; nuevamente, esto tiene algo que ver con la historia.

Por supuesto, la persistencia de la prosperidad no aplica en cada caso. Gran parte del mundo árabe se coloca actualmente por debajo de su posición histórica relativa; hoy en día Bagdad está pasando dificultades, pero hace aproximadamente mil años podría haber sido una de las mejores y más interesantes ciudades para vivir. Aun así, si pensamos en términos de promedios, vemos suficiente evidencia que la historia importa a lo largo de períodos de tiempo extensos. Por lo tanto, cualquier acción hoy que fortalezca las instituciones en términos de valor esperado, tiene un impacto causal por siglos. Una vez más, esto significa que la tasa de descuento que elijamos es de suma importancia.

También podemos ver la importancia de la fe para el argumento general. Para comprender completamente la importancia de hacer lo correcto, y la importancia de crear riqueza y fortalecer instituciones, debemos mirar en la profundidad del futuro lejano. Como he argumentado extensamente, esta es una conclusión sugerida por el razonamiento. Pero en el mundo real de motivaciones humanas, la aplicación de la razón abstracta a través de horizontes de tiempo tan largos es tan rara como inútil cuando se trata de lograr que la gente haga lo correcto. En términos psicológicos, las actitudes necesarias para fomentar una aceptación de horizontes de tiempo tan largos, son más cercanas a la fe. No podemos ver estos beneficios esperados tan distantes, pero no obstante podemos creer en ellos, y mantener esas creencias muy cercanas a nuestros corazones. En ese sentido, debemos rechazar firmemente la tendencia secular moderna que sostiene que una buena política debería estar desprovista de fe.

Ciertamente hay malos tipos de fe en la política, y no deberíamos fomentar creencias políticas (o de otra índole) que intencionalmente desprecien la razón. Pero no podemos descartar a la fe misma como una herramienta motivacional, ya que la política por necesidad está erigida sobre algún tipo de fe. La falta —y muchas veces el rechazo consciente— de la noción de fe, como es común en el racionalismo secular, es una de las características más preocupantes del mundo contemporáneo. Nos ha traído muchos beneficios reales en cuanto a libertades personales, pero también amenaza con disminuir nuestra habilidad para tomar las mejores decisiones.

¿Deberíamos descontar el pasado?

Hasta ahora hemos considerado qué tanto vale el futuro comparado con el presente. Pero hay otra forma de abordar el problema del tiempo, y es preguntarse qué tanto vale el pasado comparado con el presente. Ese el dilema que enfrentamos cuando surgen preguntas sobre cómo restituir injusticias del pasado, tales como robos pasados o la esclavitud. En estos casos debemos preguntarnos cuánto debería valer un costo del pasado en el presente.

Una aproximación a problemas de restitución consiste en aplicar una tasa estándar de descuento positiva a costos pasados para convertirlos en un valor presente. Digamos que la tasa de descuento es de siete por ciento. Si uno de mis antepasados robo mil dólares de uno de sus antepasados en el año 1854, yo debería tener que pagarle un interés compuesto de siete por ciento por cada año entre 1854 y 2018. Presumiblemente, eso va a enmendar el daño o rectificar la injusticia. Pero si hace la matemática, eso equivale a más de $65 millones. Muchos observadores correctamente considerarían que dicho monto de restitución sería excesivo. Si el robo no hubiese ocurrido, es improbable que usted o sus descendientes tendrían algo semejante a esa suma hoy en día. De hecho, dado lo común que es el malgasto de las herencias, tendría suerte si tiene algo en absoluto. Además, no importa qué tan recio proclame lo justo de esta transferencia, no tengo los millones para pagarla. Si vamos a otorgar una restitución, sería más realista acordar la cantidad en el monto original del robo más una modesta prima por el sufrimiento[8].

La consecuencia es esta: Cuando trabajamos del pasado al presente, generalmente no aplicamos —ni deberíamos— una tasa estándar de descuento positiva para ponderar como menos valioso el período de tiempo posterior. Nuevamente,

[8] En Cowen (1997) analizo estas preguntas.

una tasa de descuento positiva no puede ser aplicada sin crítica, especialmente por períodos largos de tiempo.

Existe otro argumento que nos hace considerar tasas de descuento relativamente bajas. No todos los valores son valores económicos, y un paquete de valores probablemente incluya lo que se llaman bienes ideales, bienes de mérito, y posiblemente valores platónicos. Por definición, estos bienes no se derivan de preferencias individuales; más bien, se refieren a algo que es objetivamente bueno por su propio mérito, de acuerdo con alguna teoría moral. Por ejemplo, cuando se trata del valor de la belleza platónica, sobre todo nos importa que exista; es menos relevante cuántos consumidores tengan acceso a ella, o cuándo. Parecería que los valores no preferenciales son los candidatos menos elegibles para un descuento temporal grande, y entonces una preocupación por valores no preferenciales va a fortalecer el peso que deberíamos darle al futuro relativo frente al presente.

Tal vez usted no esté persuadido por estos argumentos. Es difícil hacer preguntas económicas y filosóficas serias sobre el mundo de aquí a quinientos años, o hasta en cien años. El ejemplo de la teoría de Einstein fue todavía más raro. Hasta hablar de preferencia temporal a través de generaciones es confuso. De esa cuenta, no tenemos un razonamiento claro para sostener que la tasa de descuento para el ser humano debería ser exactamente de cero. Pero, aun así, la idea de que deberíamos descontar el futuro lejano a tasas muy altas, y consecuentemente asignar menos importancia a nuestros cálculos, ha recibido significativas críticas.

El argumento del costo de oportunidad

Algunos economistas presentan el argumento del costo de oportunidad para descontar flujos de dinero, y perdóneme porque por un par de páginas esto se tornará un poco técnico[9]. Este argumento señala que invertir un dólar hoy con un retorno positivo va a rendir más de un dólar el próximo año. El capital es generalmente productivo. Entonces un dólar hoy vale más que un dólar en el futuro porque hoy puede ser invertido para obtener más de un dólar mañana. En términos económicos, una tasa de interés positiva iguala las tasas marginales de sustitución a lo largo del tiempo, o, en otras palabras, expresa el valor de un dólar futuro relativo a un dólar actual. Este argumento no requiere una preferencia temporal positiva.

Por cierto, este argumento no sugiere que aceptemos sin críticas las tasas de mercado actuales como una medida de cuánto deberíamos descontar el futuro. Debemos calibrar las tasas de interés de mercado por riesgo, costos de transacción y otros factores complejos, como impuestos. Aun así, la tasa de mercado es un punto de partida aproximado para pensar en cuánto debemos descontar el futuro[10].

---

[9] Ver Lind et al. (1982), Arrow et al. (1994), Broome (1994), Brennan (2007), y Gollier (2013). En Cowen (2007) también analizo estos temas.

[10] Este argumento para descontar es más complejo de lo que algunas veces se reconoce. No requiere una preferencia temporal, pero si requiere supuestos sobre la sustitución intertemporal del consumo. En el sentido clásico, la utilidad marginal decreciente se define como un solo punto en el tiempo. ¿Pero cómo varían en el tiempo las distintas utilidades de consumo marginal? ¿Cómo mi dólar numero dos millones mañana se compara con mi dólar numero un millón hoy? Esta variable es distinta tanto de la preferencia temporal clásica o la utilidad marginal decreciente clásica. Para que el argumento clásico económico funcione usualmente se supone que el consumo mañana es un substituto relativo cercano al consumo hoy.

El argumento del costo de oportunidad expresa una lógica poderosa, pero, si se entiende debidamente, no está en contra de preocuparse profundamente sobre el futuro lejano.

En primer lugar, los argumentos económicos solo lidian con la riqueza; estos argumentos no establecen un descuento positivo fuerte del bienestar. Si una tasa más alta de crecimiento sostenible incrementa el bienestar a través del tiempo, es el bienestar el que nos importa. Y no deberíamos descontar el bienestar futuro, aun cuando vemos razones para descontar recursos materiales o flujos de ingreso futuros. El bienestar es un fin en sí mismo, pero la riqueza es un canal hacia el bienestar y otros valores plurales. Para la parte más importante del paquete pluralista —el bienestar— nuestra preocupación profunda por el futuro lejano continúa firme. Si podemos generar ganancias continuas de bienestar humano para el futuro, tenemos una planta crusoniana, y el caso para maximizar el crecimiento sostenible sigue vigente.

Segundo, hasta dejando de lado el bienestar, el punto del argumento del costo de oportunidad es que la riqueza material hoy puede ser invertida y generar un retorno positivo, al menos en promedio. Eso es un buen argumento para una inversión sustancial en el futuro; no es un argumento para preocuparse menos del futuro.

Otro argumento para descontar fuertemente el futuro es que esos individuos van a estar mejor o serán más ricos que nosotros hoy. Pero aun cuando damos la premisa igualitaria por sentada, va a llevarnos a descontar por riqueza en lugar de a través del tiempo. El descuento va a aplicar también a las personas ricas de hoy en día, pero nuestra profunda preocupación por el futuro lejano continuará manteniéndose. Por mencionar una cosa, muchos individuos, hasta en el futuro, probablemente no serán para nada ricos, o por lo menos no serán ricos a menos que nosotros hagamos las cosas correctamente. En esencia estamos decidiendo su riqueza a través de nuestras políticas actuales (si elegimos correctamente), entonces no deberíamos asumir su riqueza como una justificación para no tomarlos en cuenta. O tal vez son ricos por la mayor parte de sus vidas, pero no son muy ricos cuando se enfrenten a tragedias extremas o enfermedades serias. No importa qué tan esplendoroso pueda parecer el futuro, va a seguir rindiendo un flujo continuo de tragedias humanas. Nuevamente, la manera de minimizar esas tragedias sería maximizar el crecimiento sostenible.

En vez de optar por una tasa de descuento estricta de cero, sugiero un postulado más modesto, uno al que ya me he referido, pero que ahora etiquetaré formalmente: *preocupación profunda por el futuro lejano.* En este enfoque, no deberíamos contabilizar las pérdidas catastróficas en menor medida simplemente porque esas pérdidas están lejanas en términos temporales. Dada la ausencia de factores determinantes, ningún monto de distancia temporal por sí misma debería causar grandes tragedias generalizadas como para volverse insignificante en el presente. Deberíamos creer que el fin del mundo es verdaderamente un evento terrible aun cuando ese colapso llegue en el futuro lejano. Similarmente, la persistencia continua de la civilización de aquí a tres mil años es mucho mejor que no tener ninguna civilización en ese momento. Una sociedad futura mucho más rica, es mucho mejor que una civilización futura menos rica. Esas son las implicaciones de una preocupación profunda por el futuro lejano.

Si tiene una mentalidad técnica y matemática, puede leer luego el Apéndice A, en el cual describo una versión de lo que se llama el criterio de superación. Esa es una manera formal de especificar una preocupación profunda por el futuro lejano, pero no necesita entender matemáticas para captar la intuición. El criterio de superación implica lo siguiente: dado el comovimiento de largo plazo del crecimiento sostenible y el bienestar, si una senda de crecimiento es consistentemente más alta que otra, deberíamos preferir la senda con un crecimiento más alto. En algún punto en el futuro, la tasa de crecimiento más alta hará que la gente esté mucho mejor, y vale la pena elegir esa senda aun cuando involucre algún costo en términos de consume perdido hoy.

El criterio de superación nos empuja a maximizar la Plus Riqueza, como se define en el capítulo anterior, pero sin comprometernos aún con la idea de que el bienestar futuro vale exactamente igual que el bienestar actual. Entonces el criterio de superación no es una mirada moral final o definitiva sobre cómo comparar valores presentes y futuros en cada circunstancia. Más bien representa una regla práctica, un modelo de compromiso mínimo con el futuro del bienestar humano. Hablaré más de esto en el Apéndice A, pero por ahora recomiendo que simplemente se guarden la intuición y continúen al siguiente capítulo.

5

¿QUÉ PASA CON LA REDISTRIBUCIÓN?

¿Por qué comer un helado en cono si en Malawi alguien se muere de hambre? Esa es una versión de una pregunta antigua en ética, que aún es difícil de responder.

Bajo cualquier teoría moral que toma los intereses de las personas de una manera cosmopolita, nuestras obligaciones personales hacia los pobres serían fuertes. Por ejemplo, billones de personas en el mundo actualmente viven con menos de dos dólares por día. El año pasado millones de niños murieron de enfermedades prevenibles como la diarrea o tuvieron un crecimiento y desarrollo atrofiado. Con estos ejemplos, es fácil sentir que deberíamos enfrentar esos problemas con más recursos y más enérgicamente de lo que lo hacemos ahora, y ciertamente debemos hacerlo. Sin embargo, la pregunta más difícil es que tan lejos esas obligaciones se extienden y si deberían prevenirnos de perseguir nuestras propias metas más personales o individualistas. En contraste al utilitarismo, la moralidad de sentido común generalmente nos sugiere que deberíamos tener el derecho de perseguir nuestros propios planes de vida.

Según algunas formas de pensar en nuestras obligaciones hacia los demás, cada persona está obligada a trabajar un cierto número de años para la caridad, o dar la mayor parte de su ingreso a los pobres. Los doctores ricos deben pasar gran parte de sus carreras, o sus carreras enteras, en pueblos africanos. Muchos de nosotros deberíamos convertirnos en doctores o enfermeras, a menos que fuésemos más efectivos como gurús de Wall Street y después filántropos ricos. Tal vez estas opciones le parecen meritorias, ¿pero que tan lejos estaría dispuesto a ir para actuar sobre sus convicciones? ¿Está dispuesto a valorar los intereses de los demás al mismo nivel que los suyos, o los de su familia o amigos? Si está de acuerdo con la lógica utilitarista estándar de beneficencia, una madre tal vez debería abandonar o vender a su bebé para recaudar fondos para enviar comida a los bebés de otros. A esta altura muchas personas rechazan el argumento y buscan un principio moral que limita nuestras obligaciones hacia los más pobres.

Un problema es que son tan enormes las necesidades de los que sufren, que únicamente un puñado de personas capaces o individuos ricos podrían a cabo sus proyectos de vida. La mayoría de las personas se convertiría en una especie de esclavos útiles, sirviendo solo los intereses de los demás y alimentándose a sí mismos lo suficiente como para sobrevivir. El resultado es que este utilitarismo —o muchas formas de consecuencialismo— es visto como una filosofía moral excesivamente demandante. Las personas pertenecen a uno de dos grupos: aquellos que rechazan el utilitarismo por sus implicaciones extremas e inaceptables, y aquellos, como Peter Singer, que hacen el llamado a un mayor sacrificio y persiguen la lógica utilitaria con una consistencia extrema.

Como mencioné anteriormente, yo soy un pluralista en vez de un simple utilitarista. Aun así, la utilidad es un valor fundamental e importante, por lo que quisiera afrontar estos dilemas y considerar el alcance de nuestras obligaciones hacia los pobres. Sin embargo, no deseo enfocarme en la caridad gubernamental frente a la caridad privada. Ciertamente, es un tema práctico importante, pero voy a enfocarme en la pregunta conceptual más amplia de si el crecimiento o la redistribución —en el sector público o privado— son un medio más efectivo para ayudar a los pobres. Cuando se plantea de esta manera, veremos que hay límites rígidos y estrictos a nuestras obligaciones de redistribuir riqueza, aun cuando aceptamos un marco utilitarista entero. En otras palabras, voy a acabar del lado de la moralidad de sentido común, que (generalmente) nos permite buscar metas de vida individualistas.

Puede ser argumentado plausiblemente, y creo que correctamente, que estamos obligados a ayudar a los pobres más de lo que estamos hacienda ahora. Pero el enfoque correcto a nuestras obligaciones cosmopolitas no conduce a la esclavitud personal o a una redistribución masiva de nuestra riqueza. La mayoría de nosotros deberíamos trabajar duro, ser creativos, ser leales a nuestra civilización, construir instituciones saludables, ahorrar para el futuro, contribuir a un ambiente de confianza social, ser críticos cuando es necesario, y amar a nuestras familias. Nuestras obligaciones más importantes son las de contribuir al crecimiento económico sostenible y apoyar a la expansión general de la civilización, en vez de enfocarnos en una redistribución caritativa masiva en el sentido más limitado. En el largo plazo lo que ayudará más a los pobres, es más crecimiento económico y una civilización más estable.

Este punto puede ser expresado de la siguiente manera: deberíamos redistribuir la riqueza solo hasta el punto de que maximice la tasa de crecimiento sostenible. Esto puede significar más redistribución de la que hacemos ahora, y a veces redistribución de otro tipo, una que mejore el crecimiento. (De ninguna manera todos los programas de gobierno actuales redistribuyen riqueza a los pobres, y menos aún incrementan el crecimiento económico.) Sin embargo, esto no quiere decir que un enfoque utilitarista o consecuencialista nos obligue a redistribuir la mayoría de los recursos de un país a los pobres. Ni están moralmente obligadas las personas más productivas a pasar la mayoría de sus años en servicio a los pobres.

No obstante, se puede defender algún grado de redistribución. Por ejemplo, un estado de bienestar bien diseñado puede distribuir más adecuadamente la educación y nutrición. Las personas apoyadas por este Estado no solo estarían mejor, si no también es más probable que sean más productivos y paguen impuestos, además de ser menos propensos de arremeter contra el orden público. Otros beneficios de la redistribución se dan por mejoras políticas. Los programas de bienestar social pueden ayudar a cementar el orden social al comprar la lealtad de grupos de interés y reducir el sentimiento de desesperación. Más aún, estos programas pueden hacer que muchos ciudadanos se sientan mejor con su gobierno, nuevamente mejorando el orden público además de un consenso y estabilidad política[1].

Esto factores racionalizan algunas inversiones en un estado de bienestar —y sí, se consideran inversiones— y por lo tanto apoyan algo de redistribución de riqueza. Más aún, sugieren una adecuada naturaleza y alcance para dicha redistribución, que es que intentamos incrementar el crecimiento económico sostenible.

Luego de un cierto margen, un nivel de transferencia de riqueza muy generoso daña el crecimiento económico. Muchas personas acaban trabajando menos, menos duro, e impuestos más altos desincentivan el emprendimiento y dan lugar a un estancamiento económico. Más aún, si es el procedimiento estándar ir con el gobierno para pedir una limosna, esto va a inducir al querer vivir de las rentas, a la dependencia, la corrupción y a la larga a desbalances fiscales y hasta tal vez la insolvencia o una crisis financiera. También, gastos en programas de bienestar mal diseñados o excesivos pueden crear culturas urbanas de dependencia y crimen, que ponen en peligro el orden social. La literatura empírica sugiere que el gasto de gobierno excluyendo infraestructura está correlacionado positivamente con tasas de crecimiento más bajas, con la aclaración que estos

[1] Vea por ejemplo Alesina y Rodrik (1994) y Persson y Tabellini (1994). Para un resumen de la literatura de como la distribución del ingreso puede afectar el crecimiento vea Greiner, Semmler, y Gong (2005, 132–133).

resultados se obtienen midiendo el PIB tradicional en vez de una medida alternativa como la Plus Riqueza[2].

Las transferencias excesivas son malas por otra razón: dificultan la absorción de inmigrantes provenientes de los países más pobres. Ya sea racionalmente o no, muchos votantes creen que los inmigrantes son una carga para las finanzas públicas, y se resienten cuando algunos reciben beneficios del gobierno. Ciertamente, algún nivel de bienestar social hace que la inmigración funcione mejor porque ayuda a los inmigrantes a ser autosuficientes. Pero un nivel muy alto de beneficios es más probable que signifique un nivel más bajo de inmigración y una correspondiente reducción en el programa más efectivo en la lucha contra la pobreza hasta la fecha. Esto también debería limitar nuestro apego con los programas de bienestar social[3].

Entonces en vez de redistribuir la mayoría de la riqueza, podemos ayudar más al mundo invirtiendo en actividades de alto rendimiento, tales como apoyar la inmigración y crear nuevas tecnologías de alcance global, como celulares y nuevas formas de incrementar la productividad agrícola. El término «economía del goteo» provoca la burla de muchos, pero la mayoría de los beneficios sociales efectivamente tienen forma de goteo. Ciertamente

---

[2] Vea por ejemplo Barro (1991). Goodin, Headey, Muffels, y Dirven (1999) argumentan que un estado de bienestar democrático no reduce la tasa de crecimiento economico, pero solo usan dos datos, Holanda y los Estados Unidos. Vea también Lindert (2004). El sostiene que más gasto en bienestar tiende a ser empaquetado con otras políticas que incentivan el crecimiento, como menos impuestos al ingreso por capital. No muestra que niveles de gasto altos en países europeos son Buenos por si solos para el crecimiento económico.

[3] Sobre obligaciones utilitarias, vea Scarre (1996). Smart and Williams (1973), Rand (1967), Scheffler (1982), Wolf (1982), Railton (1984), y Nagel (1986) critican la nocion de obligaciones utilitarias extremas.

deberíamos preferir una inundación a un goteo, lo cual nos trae de vuelta a desear el mayor incremento posible en la tasa de crecimiento sostenible.

Estas obligaciones individuales no están tan lejos de la moralidad de sentido común. No cabe duda de que aún no hemos cerrado la brecha entre el razonamiento utilitarista y la moralidad de sentido común. Aun cuando el utilitarismo y el sentido común recomiendan lo mismo, lo hacen por distintas razones. El utilitarismo nos dice que deberíamos trabajar, ahorrar e innovar para servir los propósitos de los demás, incluyendo las generaciones futuras. La moralidad de sentido común nos dice que deberíamos trabajar y ahorrar para cuidar de nuestras familias y porque valoramos nuestra propia vida. Estas dos perspectivas permanecen distintas en sus métodos y justificaciones. No obstante, en la medida que las conclusiones convergen, podemos pensar de los modos utilitaristas y de sentido común como dos aspectos de una figura moral más amplia. Después de todo, yo favorezco al pluralismo en vez del utilitarismo o la moralidad de sentido común. Entonces no tenemos que lograr que esos puntos de vista estén en completo acuerdo. En vez de eso, para construir un pluralismo viable, basta con saber que las herramientas que tenemos apuntan en direcciones ampliamente compatibles[4].

Ahora podemos considerar la pregunta del porqué los códigos de ética públicos y privados pueden diferir tanto en sus recomendaciones. En la esfera privada, casi todos

---

[4] Hurley (2009) plantea la pregunta que si el consecuencialismo, aun si estipula que unas acciones son buenas, puede generar una fuerte obligación para realizar esas acciones. En el punto de vista que planteamos aquí, ese sentido de obligación puede venir de la moralidad de sentido común, si es necesario.

acordarían que una madre está en todo su derecho de velar por su propio bebé en lugar de venderlo y enviar los recursos a los bebés de otros. Sin embargo, en la esfera pública, está ampliamente considerado que los gobiernos deberían ser más imparciales, al menos dentro de sus fronteras nacionales[5]. Los gobiernos no deberían favorecer los intereses de un bebé sobre otro, al menos no por las mismas razones que una madre favorece a su bebé frente al de un extraño.

¿Pero por qué la moralidad debe ser tan bifurcada? Simplemente reiterando la existencia de nuestras intuiciones no va a justificar esa práctica. Sin embargo, dentro del marco de este libro, tal vez podemos comprender cómo varían las obligaciones morales de un individuo actuando en capacidad privada, en comparación con un gobierno actuando con el interés de incrementar la tasa de crecimiento económico sostenible. En realidad, esto es solo otra aplicación del principio clásico de la división del trabajo de Adam Smith. Es fácil ver porqué los padres hacen su mejor trabajo cuando se enfocan en las prioridades de la familia y los gobiernos hacen lo mejor posible cuando instituyen un régimen legal basado en la imparcialidad y el estado de derecho. No estoy sugiriendo que este argumento provee una justificación exacta de las complejidades de la moralidad de sentido común tal como aparece en el mundo, con todas sus peculiaridades y variaciones dependientes de costumbres. Simplemente estoy notando que la brecha entre la moralidad de sentido común y la maximización de utilidad, propiamente entendidas, son más pequeña de lo que aparentan.

---

[5] Ver Goodin (1995).

Podemos poner a prueba estas hipótesis mirando los casos en los que un utilitarista o un consecuencialista deberían favorecer una redistribución a gran escala hacia los más pobres. Por ejemplo, el argumento para redistribuir sería más fuerte si el mundo estuviese por terminar en el futuro cercano. Si el horizonte de tiempo es extremadamente corto, los beneficios del crecimiento alto continuo serán estrangulados y el alcance de la capitalización a través del tiempo sería limitado. Por lo tanto, la rentabilidad inmediata hacia la caridad debería pesar más en el cálculo de las decisiones. Para presentar este punto en su forma más cruda, imagínese que el mundo está por acabarse mañana. Tendría poco sentido maximizar la tasa de crecimiento; posiblemente, deberíamos solo hacer una fiesta y consumir todo lo que podamos (después de alimentar a los pobres, claro está).

Alternativamente, la rentabilidad real de la inversión podría ser permanentemente negativa o cero. En ese caso, la capitalización de los ingresos no funcionaría, un horizonte de largo plazo no conduciría a una planta crusoniana, y nuevamente existiría un gran incentivo para redistribuir la riqueza. Un alto grado de redistribución también tiene sentido en muchos escenarios de «botes salvavidas», donde, por ejemplo, un grupo de personas desesperadas están flotando en el mar abierto y se preguntan cómo compartir la comida en lata. Estos ejemplos incluyen típicamente un supuesto implícito de una tasa de rentabilidad a la inversión negativa o cero, o tal vez invertir no es posible en un escenario tan ficticio. Nuevamente, no hay ninguna planta crusoniana para perseguir.

La actitud de pesimismo histórico es por lo tanto una de las críticas más importantes a mis argumentos. Si el pesimismo histórico se mantiene, como sugieren muchos conservadores de la vieja guardia, las tasas de rentabilidad esperadas son negativas, no hay plantas crusonianas de largo plazo, y mis argumentos, aun siendo lógicos, no aplicarían. Por lo tanto, el pesimismo histórico es mucho más que solo un humor o una actitud; si fuese cierto, podría dar forma significativamente a nuestros puntos de vista sustantivos y decisiones prácticas. Pero para fines de los argumentos de plantas crusonianas, el crecimiento económico positivo solo tiene que ser posible con algo de probabilidad; la estructura subyacente de este argumento está presente a lo largo de estos capítulos. Esa probabilidad positiva quiere decir que el cálculo de crecimiento va a dominar nuestras estimaciones de la rentabilidad esperada de las diferentes decisiones. Por lo tanto, podemos rechazar la postura práctica final de los pesimistas históricos, aun cuando reconozcamos que a menudo toman cierta ventaja sobre los optimistas cuando se trata de argumentos sustantivos sobre el futuro de nuestro mundo.

Las opiniones políticas actuales de muchos científicos sociales no siempre están de acuerdo con estas conclusiones. Parecería que a muchos defensores de un mayor gasto estatal —especialmente los no economistas— les gusta la idea de tasas de descuento muy bajas. A muchos de estos individuos les gustaría que el gobierno asigne más recursos para la educación, infraestructura, y a mejorar el ambiente, todas posiciones asociadas a la izquierda política, por lo menos en Estados Unidos. Ellos piensan que tasas más bajas de descuento ayudarían a todas esas políticas. Pero también tienden a favorecer la redistribución, aun cuando esas políticas están en conflicto con el crecimiento económico. En este sentido la izquierda política no tiene una actitud consistente frente a la importancia del futuro. Muchos pensadores en la derecha sufren de lo opuesto. Tienden a favorecer tasas de descuento de mercado, que son relativamente altas, pero al tratarse de redistribución, se preocupan más por las consecuencias de largo plazo[6].

En contraste, yo veo que una preocupación profunda por el futuro lejano debería atravesar todo el espectro político. Es probable que una mayor orientación hacia el futuro incremente el atractivo de políticas que favorezcan una economía de mercado, crecimiento, e innovación tecnológica. Además, algunos de los argumentos para estas instituciones requerirían una preocupación profunda por el futuro más lejano. Por ejemplo, tasas de descuento positivas usualmente implican que deberíamos darle mucha importancia a aliviar el sufrimiento más inmediato. Cualesquiera que sean las virtudes de largo plazo de las liberalizaciones de mercado, a veces incrementan el sufrimiento inmediato porque requieren una reasignación de recursos, usualmente son los trabajadores quienes deben buscar nuevos trabajos. Asimismo, las economías de mercado generalmente invierten sus excedentes en crecimiento de largo plazo, en vez de redistribuir los fondos hacia quienes padecen por la pobreza.

---

[6] Para una visión de la izquierda del descuento, ver, por ejemplo, Solow (1974). Beckerman (1996) oafrece una visión crítica, desde el mercado, a la idea del descuento cero.

Las economías de mercado y las reformas de mercado lucen más atractivas conforme se pone más peso en el futuro lejano. Una sociedad libre es mejor, hoy, que una sociedad corrupta y totalitaria. Pero dentro de cien años, la diferencia en bienestar humano y otros valores relevantes será mucho más marcada. A lo largo del tiempo, los Estados Unidos tomó ventaja sobre la Unión Soviética, en vez de tender hacia la convergencia.

¿Quién debería sacrificar, y cuándo?

Bajo circunstancias más normales, con un horizonte de tiempo largo, un marco utilitarista o consecuencialista tal vez aun recomiende que algunas personas sacrifiquen partes significativas de su vida, o arriesguen dichos sacrificios, por un mayor bien social. Para citar un ejemplo simple, Martin Luther King Jr. trajo mucho bien al mundo en relación con la justicia y al crecimiento económico de largo plazo. Sería razonable decir que King hizo lo correcto eligiendo aspirar a ideales más elevados en vez de jugar al golf todo el día, aun cuando perdió su vida en el proceso. Lo mismo puede decirse de Gandhi. Sin embargo, esas obligaciones de sacrificio no pueden ser universales o casi universales. Si todos sacrificáramos nuestras propias metas individuales a un grado extremo, no quedaría una civilización. Como vimos anteriormente, es más sensato rechazar recomendaciones de emprender sacrificios colectivos que reducirían la tasa de crecimiento económico sostenible.

En muchos casos nuestras obligaciones deberían ser vistas a un nivel colectivo. Este marco no fija un curso de acción correcta para cada persona, entonces no es claramente moral que individuo está obligado a hacer un sacrificio. ¿Qué ocurre si hay una niña inocente ahogándose en un lago, y cualquiera de nosotros pudiera entrar y salvarla? En estos casos la pregunta, «¿Que debería hacer?» nos permite una latitud considerable, y el alcance de mi obligación personal, como miembro del grupo, puede ser indeterminada. Está bien si arriesgo mi seguridad y salto al agua para ayudarla, pero también está bien si alguien más lo hace en mi lugar. Similarmente, no tiene que ser mi grupo el que protesta sobre la injusticia gubernamental, porque muchos otros grupos podrían hacerlo también. Esto se vuelve un problema de teoría de juegos, y como sabemos de la teoría de juegos, la obligación implícita de una persona o grupo suele ser indeterminada.

Imagínese un juego con pagos, alineados de tal forma que es mejor si alguien hace un sacrificio para alcanzar un fin social valioso, pero es peor si todos sacrifican o tratan de sacrificar para lograr ese fin. La estructura de este problema es común a muchas preguntas de moralidad y obligación individual, incluyendo el problema de la pobreza mundial. Algunas personas deberían hacer sacrificios para ayudar, pero, porque hay que mantener nuestra civilización económicamente avanzada marchando, no todos deberían hacer esos sacrificios. Se podría decir que esta es la estructura de pagos paradigmática con la cual podemos resolver preguntas relacionada a pobreza global, sacrificio y obligaciones.

En su forma más simple, un estándar utilitarista nos sugiere que el «proveedor de menor costo» debería hacer ese sacrificio. Eso nos acerca un poco más a la moralidad de sentido común, por cuanto se estipularía que quienes se sacrifiquen deberían ser las personas más inclinadas a hacerlo. Esto incluiría santos, santos morales, agentes de cambio social dedicados, y también personas que, por cualquier razón, no encuentran que los sacrificios sean muy intimidantes.

Si muchas personas que potencialmente se podrían sacrificar enfrentan el mismo costo y producen los mismos beneficios sociales, entonces puede decirse que uno de ellos (o un grupo de ellos) deberían sacrificarse. En estos casos es moralmente ambiguo quien debería sacrificarse y quien no, o quién debería mudarse a Malawi para vacunar a niños. Esto es menos opresivo, y menos antagonista a los planes de vida personales, que el típico escenario utilitarista que implica esclavizar a doctores de occidente para que vayan a cumplir unas metas que no cuajan con las metas propias.

Cuando están expuestos a la pobreza global u otras formas de desastre, muchas (sino todas) las personas dicen algo así como, «bueno, alguien debería hacer algo». Al mismo tiempo, no les invade una fuerte convicción de que ese «alguien» debería ser ellos mismos. Dichas intuiciones pueden parecer incoherentes o tal vez hasta irresponsablemente egoístas. Pero coinciden con una de las realidades de este juego. Efectivamente, alguien debería hacer algo, pero el juego mismo no deja claro quién debería ser ese alguien. El resultado es una suboferta del bien público y que mucha gente continúa asumiendo, en gran parte por razones egoístas, que ese «alguien» va a ser otra persona. Mi punto no es que la respuesta observable es socialmente óptima, sino que la mejor solución al juego se corresponde con algunas características subyacentes de la moralidad de sentido común[7].

En cualquier caso, las personas son más propensas a sacrificar demasiado poco, y no mucho, y, en general, muy pocas personas están dispuestas a sacrificar bastante. Entonces podemos analizar una recomendación de otro tipo, aun cuando no siempre puede ayudarnos a calcular quién debe realizar un sacrificio dado. Deberíamos fortalecer nuestras conciencias, al igual que las reglas sociales, para incrementar la probabilidad de que las personas adecuadas estén dispuestas a hacer el sacrificio requerido si resultara ser lo mejor. Dadas las circunstancias, ellos son los llamados a dar el paso hacia el frente. Deberíamos honrar y compensar esos sacrificios para de esa manera incrementar la probabilidad de que alguien los realice. Nuevamente, esto no está muy lejos de la moralidad de sentido común.

¿Debería el dinero ser redistribuido a los ricos?

En muchos casos, tendrían implicaciones contraintuitivas unas recetas meramente utilitaristas, pero éstas serían contrarias a la preocupación sobre la esclavización de doctores americanos al servicio de africanos pobres. Es decir, el utilitarismo puede apoyar la transferencia de recursos de

[7] Alternativamente, un sacrificador puede ser elegido por sorteo. O podemos basarnos en teoría de juegos. Podemos pensar sobre la moralidad como una prescripción que las personas deben jugar lo que los economistas llaman estrategias de Nash aleatorias, que significarían cierta probabilidad de egoísmo y cierta probabilidad de sacrificio para cada persona como si lanzáramos un dedo. Una estrategia aleatoria bien especificada da lugar al monto adecuado de sacrificio —al menos en promedio— sin requerir que todos se sacrifiquen. El conjunto de estrategias adecuadamente aleatorias sería aquellas que maximicen el crecimiento económico sostenible esperado.

los pobres hacia los ricos. Por ejemplo, un emprendedor talentoso, probablemente puede obtener una tasa de rendimiento mayor en su inversión que una bisabuela con discapacidades. En efecto, una queja común en la literatura sobre la desigualdad económica es que los ricos se vuelven más ricos mientras los pobres se vuelven más pobres, o al menos se quedan estancados. Si se cree esta historia, entonces los ricos obtienen rendimientos más altos en su riqueza acumulada, lo cual es el argumento del economista francés Thomas Piketty. Si combinamos el efecto de goteo de la riqueza con una tasa de descuento igual a cero, es fácil crear escenarios en los que el utilitarismo recomendaría la redistribución de la riqueza hacia los ricos.

Por ejemplo, para fines de la discusión, supongamos que los ricos obtienen un rendimiento anual de ocho por ciento sobre sus activos, y que en promedio, el pobre obtiene uno por ciento. Si un quinto de las ganancias de los ricos gotea hacia abajo a los pobres a lo largo del tiempo, entonces los pobres estarán mejor si los ricos disponen de más recursos. Van a recibir una quinta parte de ocho por ciento, o 1.6 por ciento, en vez de uno por ciento que reciben hoy por su cuenta. Usualmente, este goteo no les llegaría de inmediato, pero con el tiempo los ricos construirían más fábricas, comprarían más productos, contratarían más trabajadores locales, financiarían más investigación y desarrollo, apoyarían una mayor inmigración, y así sucesivamente. Tarde o temprano, muchos pobres se beneficiarán. Si tenemos una preocupación profunda acerca del futuro lejano, importa menos que esos beneficios lleguen después.

Las consecuencias de esta redistribución hacia los ricos serían antiigualitaria en primera instancia, pero con un horizonte de tiempo suficientemente largo, los pobres se van a beneficiar cada vez más de unas tasas de crecimiento económico altas. Los resultados no tienen que ser antiigualitarios si consideramos un horizonte de tiempo apropiado, pero sí podrían aparentar ser antiigualitarias vistas desde varias métricas comunes que se enfocan solo en el corto plazo o solo en un país, en vez de adoptar una perspectiva más larga, amplia y global.

No estoy sugiriendo que una teoría pluralista tenderá a apoyar una redistribución sistemática de riqueza a los más ricos y talentosos. Por un lado, este sería uno de los casos en el cual los derechos supongan una restricción o límite a la recomendación central de maximización del crecimiento. Tal vez, sencillamente no sea correcto que un gerente de fondos de inversión arrebate los recursos de un albañil, indistintamente de qué tan buen inversionista sea el gerente. Otra preocupación, que también limitaría la redistribución a los ricos, es que una distribución de riqueza que sea extremadamente desigual podría conducir a un crecimiento menor a través de los canales mencionados anteriormente.

Sin embargo, lo que es importante es cómo este replanteamiento traslada la carga de la prueba, llevándonos a examinar las implicaciones de una tasa de descuento muy baja. Una redistribución directa y de corto plazo a los pobres de hoy ya no es la salida normal para una teoría que enfatiza el bienestar individual. En su lugar, en muchos casos el utilitarismo tiene que evitar la conclusión de redistribuir más recursos a los ricos. Una vez más, es posible tener una teoría moral enfocada en buenas consecuencias sin requerir que todos renuncien a 80 por ciento de su ingreso o que se vayan a África a trabajar como doctores[8].

Finalmente, tenemos que pensar cuidadosamente acerca de la proveniencia de las mayores ganancias en el pasado, y debemos enfatizar cómo esas ganancias pueden ser extendidas y no redistribuidas en sí. Posiblemente, los regalos más importantes de generaciones pasadas a las actuales vienen, entre otros factores históricos, de inversiones prudentes, una creencia en reglas de conducta justas, buenas instituciones políticas, y buenos valores. Instituciones que mejoran el crecimiento sí requieren de trabajo duro, pero a lo largo de las generaciones esa inversión es un juego de suma positiva en vez de un juego de suma cero. El impulso moral que resulta de eso es uno que refuerza buenas instituciones que conducen a crecimiento económico futuro, y aquí nuevamente nos aproximamos a la moralidad de sentido común.

Nuestras obligaciones para con los ancianos

Dados los límites de nuestras obligaciones a los pobres, tendremos límites similares en nuestras obligaciones a los ancianos. De hecho, podemos pensar en los ancianos como personas que son pobres en una dimensión en particular, en su capital humano futuro. En comparación con los jóvenes, es más probable que un anciano muera pronto. Y aunque deberíamos hacer mucho por ayudar a los ancianos, la lógica del crecimiento sostenible también pone límites a esas obligaciones.

---

[8] Sobre nuestra obligación a ahorrar, ver Rawls (1999, 252).

Hay una pregunta más general sobre en qué medida un estándar consecuencialista o utilitarista debería valorar la vida de los ancianos. Me acuerdo de que en una entrevista de trabajo en 1986, mi entrevistador, el economista Julius Margolis, me preguntó: «¿Por qué no valoramos la vida de las personas a un costo de reemplazo?» Me agarró desprevenido, y no tuve una buena respuesta para darle. A la vez, el tono de la pregunta me parecía errado… ¿Acaso los ancianos no merecen más respeto que eso? ¿Acaso no tienen vidas especiales, y su valor no puede ser captado por este tipo de metáforas? He estado pensando sobre esta pregunta por mucho tiempo porque desafía muchas de nuestras intuiciones morales.

Empecemos con un ejemplo simple. Si una casa vale un millón en el mercado, pero puede ser construida de cero con un costo de reemplazo de $500,000, entonces el valor correcto de la casa es $500,000, siempre y cuando actuemos y tomemos acción para reemplazarla. Para hacerlo más concreto, no deberíamos gastar $800,000 para salvar la casa cuando podemos reemplazarla por una réplica exacta a un costo de $500,000.

De esa cuenta, digamos que una vida humana vale $4 millones, con base en la voluntad económica estándar de pagar para reducir las medidas de riesgo, pero que podemos crear otra vida humana por aproximadamente $10,000, como por ejemplo subsidiando nacimientos o salvando una vida humana de forma económica en otra parte. Los subsidios de nacimiento probablemente serán más baratos que gastar cuatro millones para salvar una vida. ¿Entonces cuánto deberíamos gastar para salvar o preservar esa primera vida humana? ¿Deberíamos gastar cuatro millones? ¿O esta vida humana sólo vale $10,000 —en otras palabras, su costo de reemplazo?

Tácitamente casi todos de nosotros estaríamos de acuerdo que $10,000 —y podría ser incluso menos— en general, no es, una valoración apropiada de una vida, incluyendo de la vida de una persona anciana. Por un lado, la vida que perderíamos y la nueva vida que creada no serían idénticas. Entonces, estrictamente hablando, no estaríamos reemplazando la vida que se perdió. También tal vez sintamos una obligación especial hacia las personas mayores en virtud de sus roles en criarnos, construir nuestra nación, y defendernos en guerras pasadas. Más aún, usualmente, no poder salvar una primera vida e invertir en ayudar o crear otra vida no están causalmente relacionados. Dejar que una persona anciana muera, en vez de gastar dinero en salvar su vida, no activa automáticamente subsidios de natalidad más altos u otras medidas para salvar vidas en otro punto de la economía.

Entonces, no; es poco probable que medidas de costo de reemplazo sean la manera correcta de valuar una vida humana. Aun así, la reemplazabilidad no debería ser completamente irrelevante cuando pensamos sobre el valor de una vida. Si una vida desaparece y otra aparece, la nueva vida si compensa parte del valor perdido, al menos en términos de utilidad. Dicho de otra manera, perder una civilización irremplazable es una tragedia mucho más grande que perder una civilización en una manera que dé lugar al nacimiento de una civilización nueva y diferente en su lugar. Por ende, parece que algo vale la posibilidad de reemplazo, aún si no podemos llegar a un acuerdo sobre cuánto exactamente.

En términos prácticos, la riqueza adicional que se acumula como resultado de economizar en gastos que salvan vidas acaba guiando a las personas a comprar autos más seguros, tener trabajos menos riesgosos, y así sucesivamente. Por lo que puede ser argumentado que vamos a salvar más vidas al invertir menos en la preservación directa de la vida de los ancianos. No sabemos si un incremento en la riqueza ahorrada de hecho va a salvar o preservar otras vidas humanas, pero hay una cierta posibilidad que este será el caso. Y esta posibilidad reduce mucho el valor del gastar mucho dinero para extender una vida humana. Entonces, en un contexto contemporáneo, una vida humana debería probablemente valer menos de cuatro millones, o cualquier otra suma que arroje el método de la propensión a pagar, o algún otro cálculo utilitarista.

Podemos no saber la valoración exacta de una vida particular, pero sí sabemos que cuando los consideramos de manera holística, la posibilidad de la proporcionalidad, la atracción del futuro más lejano, la reposición continua de la civilización humana, y el valor de invertir en vidas futuras, ejercen una presión a la baja sobre cuánto deberíamos invertir en extender la vida de los ancianos hoy. Por lo tanto, mis argumentos sugieren un valor estimado de una vida, incluyendo la vida de una persona mayor, más bajo que muchos otros marcos posibles, porque el flujo de reemplazo y reposición de la civilización, son considerados como un factor entre muchos. El reemplazo y la reposición no deberían ser la última palabra, pero sí ejercen presión a la baja sobre los valores estimados de vida.

Para ponerlo más concretamente, hoy en Estados Unidos estamos gastando demasiado en los ancianos y no tanto en los jóvenes. Y dado que los ancianos son los que votan con mayor frecuencia, y los jóvenes no votan o no pueden hacerlo, esa equivocación no debería ser una sorpresa. Los gobiernos deberían enfocarse en inversión, pero al menos en Estados Unidos, el gasto de gobierno en inversión está cayendo; en años recientes la inversión de gobierno ha caído por debajo de su promedio posguerra de cinco por ciento. Se puede ver tendencias similares en varios presupuestos de países europeos[9]. Desafortunadamente, cuando el gasto de gobierno tiene que ser limitado o reducido, la inversión es usualmente la primera área impactada, mientras que los planes sociales para los ancianos siguen intactos. Sobre esto, sugiero revisiones a las tendencias actuales.

Cambios únicos y cambios en la tasa de crecimiento

Ahora veamos el último pilar para decidir el alcance apropiado de la redistribución, a saber, la naturaleza del crecimiento económico. A un nivel muy general, existen dos categorías de políticas beneficiosas. En primer lugar, dichas políticas pueden rendir un beneficio único en una sola instancia; imagínese incrementar el poder de todos los focos de luz por un año. En segundo lugar, los nuevos beneficios pueden ser continuos y autosostenibles; imagínese políticas de ciencia que aceleren el ritmo al que unos focos de mejor

[9] Ver Harding, McGregor y Muller (2013).

calidad (u otras innovaciones) son desarrollados. Dichas políticas incrementarían permanentemente la tasa de crecimiento económico; en otras palabras, contarían como una planta crusoniana, una fuente de valor continuo, autogenerada y autoactualizada.

Cuando examinamos un cambio de política o un acto de redistribución, es importante saber si involucra un beneficio (o un costo) único, o un sistemático incremento (o una reducción) en la tasa de crecimiento en el tiempo. Esta distinción, un tanto arcaica, sacada de la literatura económica sobre el crecimiento, es de gran importancia para adjudicar potenciales cambios sociales.

Consideremos un ejemplo simple. Muchos científicos piensan que el calentamiento global va a incrementar el número de tormentas violentas y persistentes en nuestro planeta. Quizás muchas de estas tormentas lleguen a partir de cierto tiempo, pero una mayor preocupación por el futuro significa que tenemos que prestar especial atención a estas consecuencias. En general, muchos problemas ambientales dañan nuestras perspectivas de crecimiento sostenido de largo plazo. Lo que sugiero es que esos problemas son especialmente importantes.

Al mismo tiempo, una preocupación por el futuro lejano puede, contraintuitivamente, disuadirnos de llevar a cabo ciertas inversiones ambientales. En contraste con la amenaza de tormentas constantes y severas, algunos de los costos del cambio climático toman la forma de un ajuste único, como el costo de la reubicación de asentamientos costeros. La reubicación inducida puede contar como una violación de derechos de algún tipo, pero desde un punto de vista consecuencialista, maximizar la tasa de crecimiento toma prioridad sobre evitar costos y ajustes únicos. Aun si esos costos son grandes, vamos a recuperar ese valor con el tiempo, dada la lógica del crecimiento compuesto. Entonces, contrario a lo que otros marcos de referencia sugieren, deberíamos prestar más atención a las tormentas y menos atención a los costos de reubicación.

Es muy importante tomar nota si una política específica afectaría o no la tasa de crecimiento general. Sin embargo, los detalles de esta distinción son complejos porque los modelos económicos proveen diferentes razones sobre qué cambios afectan las tasas de crecimiento, a diferencia de solo dar lugar a cambios o mejoras únicas.

El modelo de Solow es el modelo económico más destacado sobre el crecimiento, nombrado así por el economista y premio nobel de MIT, Robert Solow, quien expuso los conceptos básicos del modelo en los años cincuenta. El modelo de Solow postula una función de producción básica que abarca toda la economía, y que se basa en retornos a escala constantes. El producto nacional es el resultado de insumos de capital y mano de obra, y del progreso tecnológico que hace que el capital y la mano de obra sean más efectivos[10]. En este modelo, la forma principal de incrementar el crecimiento es inducir una tasa alta de innovación tecnológica. En efecto, mucha investigación empírica ha demostrado cómo el progreso tecnológico es el factor más grande detrás del crecimiento económico de Estados Unidos.

El modelo de Solow nos ayuda a entender el fenómeno de crecimiento convergente, que ha sido tan importante en

---

[10] Ver Solow (1956, 1957); Romer (2000) hace un resumen más reciente.

Asia del Este. En este modelo, la tasa de rendimiento del capital disminuye mientras el costo del capital incrementa. Entonces, cuando no hay mucho capital, los retornos a las inversiones y por lo tanto los incentivos para invertir son altos, siempre y cuando la fuerza laboral sea de buena calidad y las instituciones protejan los derechos de propiedad de los inversionistas. Por lo tanto, debería de esperarse que los países más pobres puedan alcanzar a los países más ricos conforme toman prestadas nuevas tecnologías e incrementan sus acciones de capital para realizar proyectos nuevos y lucrativos. El crecimiento económico en China que empezó en los años ochenta era de tipo convergente.

El modelo de Solow también implica que las economías deberían recuperarse rápido de choques negativos como terremotos o guerras destructivas. Aun cuando sus acciones de capital han caído por la destrucción, la tasa de rendimiento al capital es ahora más alta precisamente porque las acciones de capital se redujeron. Más ahorros deberían cubrir la brecha y, con el tiempo, devolver a la economía a su trayectoria de crecimiento previa. La recuperación rápida de Japón y Alemania después de la Segunda Guerra Mundial muestra este mecanismo en acción. De acuerdo con esta teoría, la tasa de crecimiento va a permanecer baja solo si el choque negativo reduce permanentemente la tasa de progreso tecnológico.

Por razones similares, un incremento en los ahorros y la inversión son vistos como contribuyentes al sendero de crecimiento de transición, pero no al crecimiento permanente de largo plazo. En el modelo, más ahorros significan que un crecimiento de convergencia ocurrirá más rápido, pero los ahorros no subirán las tasas de crecimiento de largo plazo[11].

Ese es el modelo de Solow, pero no estoy argumentando que siempre es el mejor modelo para entender nuestro mundo o para evaluar la redistribución. Es simplemente una posibilidad.

En contraste al modelo de Solow, el modelo de rendimientos crecientes sugiere que el crecimiento genera más crecimiento. Según este enfoque, las economías más grandes deberían crecer más rápido que las economías pequeñas, y las tasas de crecimiento deberían seguir incrementando con el tiempo. Las mejoras generan más mejoras y eventos negativos también se acumulan, lo que da lugar al término «rendimientos crecientes».

Las ideas, y su naturaleza no rival, se citan comúnmente como la causa fundamental de los rendimientos crecientes. Una vez que una idea ha sido generada, puede ser utilizada varias veces por muchas personas diferentes a un costo marginal muy pequeño. La primera idea se propaga, da lugar a nuevas ideas, y así el crecimiento aumenta. O hay otra manera de pensar sobre los rendimientos crecientes. Los mercados más grandes generan incentivos más fuertes para la producción de ideas porque los inventores pueden vender su producto a un mercado más grande (por ejemplo, no valdría la pena inventar el iPhone solo para clientes en Nueva Zelandia). Eso significa que economías grandes pueden

---

[11] Unas modificaciones posteriores al modelo de Solow permiten que las tasas de ahorro e inversión estén relacionadas al crecimiento económico de una forma más general, ver Temple (1999, 139–140). Extensiones por parte de Uzawa (1965), Lucas (1988), y otros enfatizan el rol del capital humano en incrementar o mantener la tasa de crecimiento.

crecer más rápido que las economías pequeñas. Mientras más crece una economía, mayor será el incentivo para que existan nuevas ideas, lo que a su vez refuerza el incentivo para crecer. Nuevas ideas van a dar lugar a mayor crecimiento, lo cual estimula nuevas ideas y así sucesivamente.

El modelo de rendimientos crecientes es más comúnmente asociado con el economista Paul Romer, pero puede ser rastreado hasta Adam Smith y el comienzo de la economía como un objeto de estudio sistemático. En el modelo implícito de Smith, un mercado más grande sostiene una mayor división del trabajo, lo cual a su vez hace que la economía sea más productiva. En otros modelos, una mayor apertura al comercio, o un mercado común como los Estados Unidos, puede producir un proceso de rendimientos crecientes a escala.

Poniendo estas teorías de crecimiento en mi propia nomenclatura, el modelo de rendimientos crecientes sugiere que hay muchas plantas de crusonia, mientras que el modelo de Solow nos dice que podemos encontrar plantas de crusonia solo en políticas que muy directa y específicamente incrementen la generación de ideas. El modelo de rendimientos crecientes sostiene que virtualmente cualquier ganancia de recurso puede ser traducida en crecimiento alto en el largo plazo, en lugar de perderse en el proceso de ajuste[12].

Bajo el modelo de rendimientos crecientes, un choque negativo daña la tasa de crecimiento de largo plazo, lo cual

---

[12] Sobre modelos de rendimientos crecientes, ver Romer (1986, 1990). Sobre el modelo de Solow vs. modelo de rendimientos crecientes ver el simposio de 1994 en el *Journal of Economic Perspectives*.

implica que tenemos que tener más cuidado para evitar o limitar cada uno de los posibles choques negativos. El modelo de Solow sugiere una imagen de mayor resistencia, ya que los efectos de convergencia previenen que cada problema se combine en el tiempo en un colapso más grande.

Por lo tanto, en comparación al modelo de Solow, el modelo de crecimiento de rendimientos crecientes, nos hará más cautos con respecto a la redistribución de la riqueza que no sea pro crecimiento. En el modelo de crecimiento de Solow, los costos de redistribución pueden ser «únicos», en vez de que reduzcan la tasa de crecimiento de largo plazo. Podemos cubrir nuestras pérdidas temporales y volver al nivel que deberíamos estar. En contraste, bajo el modelo de rendimientos crecientes, cualquier contratiempo haría la economía más chica y por ende limitaría las tasas de crecimiento futuras, lo cual tendría implicaciones importantes para el estándar de vida en el futuro lejano.

Esta distinción apunta a otra forma en la cual debates políticos tradicionales deberían ser reescritos. Las personas que creen en el modelo de rendimientos crecientes deberían ser mucho más escépticas que las personas que creen en el modelo de Solow, acerca de la redistribución de la riqueza que no sea pro crecimiento.

Una pregunta central es si se sustenta la lógica del modelo de Solow o el de rendimientos crecientes. Aun si no cree todos los detalles de estos modelos, las dos opciones principales que presentan son que los costos incurridos en un tiempo puntual importan mucho en el largo plazo, o que no. Estoy tratando los modelos como sustitutos de estos dos puntos de vista. La pregunta clave es si las ganancias y las pérdidas se acumulan a lo largo del tiempo o si se tornan insignificantes en el largo plazo[13].

Cualquiera que sea su opinión acerca de los modelos de Solow y de rendimientos crecientes, la lógica del modelo de rendimientos crecientes tiene un peso significativo en nuestra evaluación final. Dados nuestros conocimientos, nuestra mejor respuesta es que un costo dado trae consigo una probabilidad de un efecto de crecimiento permanente (modelo de rendimientos crecientes) y algo de un costo de ajuste único, seguido por una convergencia (modelo de Solow). En nuestros cálculos de valor esperado, esto opera como un impacto esperado en la tasa de crecimiento de largo plazo. Por lo tanto, deberíamos incorporar la lógica del modelo de rendimientos crecientes para evaluar cambios sociales, aun cuando este modelo no es la mejor teoría de crecimiento económico que tenemos. En términos de valor esperado, la mayoría de nuestras decisiones sociales tienen un impacto sobre las tasas de crecimiento futuras. En términos de valor esperado, las plantas de Crusonia están en todos lados. Tomamos decisiones sobre plantas de Crusonia todo el tiempo.

Finalmente, tanto el modelo de Solow como el de rendimientos crecientes enfatizan las ideas como la fuente del

---

13 Los enfoques de la nueva escuela de economía institucional son menos formales que los modelos de Solow y de rendimientos crecientes. Señalan la importancia de los derechos de propiedad, instituciones fuertes, confianza, estado de derecho, e incentivos macroeconómicos bien alineados. Sin embargo, estos puntos de vista típicamente no especifican qué cambios de políticas causan un incremento permanente en la tasa de crecimiento, a diferencia de un cambio único. Los modelos neoinstitucionales tienen grandes méritos en términos explicativos, pero para propósitos normativos no reducen la importancia de tomar una posición sobre efectos de largo plazo de un cambio de política. Sobre enfoques neoinstitucionales ver el trabajo de Douglass North sobre la historia económica de América y Europa (North 1981, North y Thomas 1976); ver también Olson (1984), Bates et al. (1998), y Acemoglu y Johnson (2004).

crecimiento. Las nuevas ideas son el producto de la razón humana; Aristóteles definió al hombre como el animal racional. Por lo tanto, la preocupación con buscar más crecimiento—o alguna versión modificada del ideal de crecimiento—significa una preocupación respecto de las ideas, y un a preocupación con cultivar la razón humana, y una preocupación con la noción de que el hombre debe darse cuenta, perfeccionar y extender su naturaleza como un generador de ideas poderosas que pueden cambiar el mundo. Asómbrese todo lo que quiera, pero le voy a dar más crédito a Ayn Rand, que destaca este punto aún más que la mayoría de los filósofos racionalistas. Si estamos persiguiendo un paquete de valores plurales auto sostenibles y autogenerables, estamos de una manera u otra rindiéndole un tributo al poder de la razón humana.

6

¿NOS DEBE PARALIZAR LA INCERTIDUMBRE?

Cuando era un niño, me encantaban las historias de ciencia ficción. Me encantaba pensar sobre cómo las cosas podrían ser totalmente diferentes a lo que eran. Una historia en particular me intrigaba, y encontré su premisa en algunos otros libros. Todavía aparece en la cultura popular, y si no le gusta la ciencia ficción, vea la película Sliding Doors del año 1998, con Gwyneth Paltrow, que pregunta cuánto puede ser alterada una vida por el simple hecho de perder el tren.

La premisa es bastante sencilla: si de alguna manera pudiera ir al pasado y alterar un pequeño evento, la historia entera de la humanidad podría cambiar. Un estornudo extra de algún cavernícola hace algunos milenios podría transformar la vida tal y como la conocemos hoy. La historia corta de Ray Bradbury, «A Sound of Thunder», publicada en

1952, es una de las fuentes originales de esta idea. Parece algo alocado, pero mientras más piensa en eso, más parece que podría ser verdad.

El punto clave es que pequeños cambios pueden muy fácilmente transformarse en grandes cambios. ¿Qué pasa si José se detiene a levantar una moneda que encuentra en la vereda? Este pequeño cambio en la cronología de su vida muy probablemente va a alterar las identidades particulares de sus futuros hijos, por ejemplo, por demorar el acontecimiento del encuentro sexual con su esposa por algunos segundos, o por ligeramente cambiar la posición de sus testículos influyendo en que esperma va a acabar fertilizando los óvulos de su esposa. Mirando más hacia el futuro, si un conjunto de personas diferentes nace, el mundo muy probablemente tomaría un camino diferente—a veces un camino muy diferente. ¿Qué hubiera pasado si el bisabuelo de Hitler hubiera seducido a su esposa sólo un momento más adelante en el tiempo, cambiando la combinación de esperma y óvulo en el proceso? Hitler tal y como lo conocimos no hubiese nacido. Aun si los resultados agregados no varían tanto cuando participan muchas personas en el colectivo, ciertamente parece que algunos sí hacen la diferencia, como por ejemplo Jesús, Mahoma, Buda, sin mencionar a Hitler o Lenin. Sin Hitler, el Nazismo probablemente no hubiese tenido éxito; eso significaría que no hubiesen ocurrido la Segunda Guerra Mundial y el Holocausto, o al menos no en las formas que los experimentamos. Después de eso, la historia de prácticamente cada país hubiera sido diferente y la humanidad estaría en un camino diferente por el resto de sus tiempos. ¿Estamos realmente seguros de que Estados

Unidos hubiera todavía sido el primer país en construir bombas nucleares?

Puede asumir que las consecuencias globales en agregado son en mayor parte estables con respecto a pequeños cambios en los acontecimientos básicos del día a día. Por ejemplo, podría pensar que la lógica del comercio de suma positiva y el poder de la razón humana para promover el progreso tecnológico van a prevalecer en el largo plazo, con o sin Hitler en la Tierra. Otras ramificaciones de estos efectos mariposa pueden cancelarse o compensarse entre sí en el largo plazo; Tolstoy, en su novela Guerra y Paz, argumentó que los «grandes hombres» de la historia tuvieron poco impacto, ya que sus actos serían revertidos por sus sucesores (un ejemplo siendo Napoleón).

Mientras parte de mi desea que esta lógica fuese cierta, la cruda realidad es que la contingencia es real y los cambios al flujo de eventos temporales no necesariamente son insignificantes, dado que hasta un evento tan chico puede cambiar toda la historia genética futura de la humanidad. Las acciones de Napoleón cambiaron el curso de la vida en Alemania, que experimentó una revolución liberal intelectual como resultado de la invasión francesa y subsecuentemente se modernizó, al igual que Egipto, que recibió la imprenta y una dosis grande de ideología liberal antes de empezar a resentir la interferencia europea en sus asuntos locales, un sentimiento que persiste hasta hoy en día. Las historias de estas regiones fueron cambiadas decisivamente, así como las historias de los judíos que fueron liberados bajo el régimen de Napoleón.

El punto principal es este: aun cuando no esté convencido de que Napoleón realmente importó, no sabe y en realidad no puede saber esto. Hay una posibilidad real que el hecho que Napoleón haya nacido, en lugar de otro niño por otro acto de concepción, cambió fundamentalmente la historia del mundo. Entonces en términos de valor esperado, sigue siendo el caso que actos pequeños pueden tener un gran impacto en el futuro, aun cuando no siempre sea así. Solo tiene que ser el caso que algunos actos pequeños conduzcan por un sendero muy diferente al futuro.

Siguiendo a los filósofos, voy a referirme a esto como el problema epistemológico[1]. El problema epistemológico no es realmente sobre viajar en el tiempo, aun si los ejemplos de ciencia ficción nos ayudan a visualizar el problema de una manera especialmente vívida. El problema principal es que no sabemos si nuestras acciones hoy van a dar lugar a un mejor futuro, aun cuando parece que sí lo harán. Si reflexiona lo suficiente sobre estos viajes en el tiempo, se va a dar cuenta que nuestras acciones actuales son muy difíciles de predecir, y no tiene que ver con si el viaje en el tiempo se vuelve posible o no.

---

[1] Lenman (2000) ofrece un argumento claro acerca de la crítica epistemológica al utilitarismo y cita algunos precursores. Para más perspectivas acerca de la crítica epistemológica, ver también Norcross (1990), Frazier (1994), Howard-Snyder (1997), Dorsey (2012), Mason (2004), Lang (2008), Burch-Brown (2014), y Kolmar y Rommeswinkel (2013). Hayek (1991) también puede ser considerado como una versión de la crítica epistemológica. Shelly Kagan (1998, 64) llama a este argumento epistémico «la objeción más común al consecuencialismo». William Whewell provee un argumento temprano sobre la crítica epistemológica; vea Mill (1969 [1852]). Cowley, Ambrose, y McCullough (2000) consideran preguntas de «que sí?» en el contexto de la historia militar. Moriarty (2005) considera las implicaciones del argumento epistemológico para el concepto de desiertos. Mi intento inicial sobre estos temas es Cowen (2006). MacAskill (2014) analiza cómo deberíamos maximizar los valores esperados de teorías morales posiblemente conflictivas con marcos conceptuales posiblemente conflictivos.

La crítica epistémica sugiere que la doctrina filosófica del consecuencialismo no puede ser una guía de acción útil porque apenas sabemos algo sobre las consecuencias de largo plazo. Aunque podamos calcular los valores esperados, dichos cálculos son basados típicamente en un rango de información muy limitado sobre las consecuencias actuales o en el futuro cercano. Como una vez me lo dijo David Schmidtz: ¿podemos tener la teoría moral correcta si no podemos saber el noventa por ciento, o tal vez el 99.9 por ciento, de lo que se puede considerar como un buen resultado?

Probablemente, estaría de acuerdo que es una buena idea enseñarles a los conductores adolescentes que no se pasen el semáforo cuando esté en la luz amarilla. Después de todo, aproximadamente cuarenta mil personas se mueren cada año en accidentes de autos, solo en Estados Unidos. Pero hoy, cuando un conductor para en la luz amarilla en vez de acelerar, está afectando los tiempos de viaje de otras personas y por lo tanto cambiando los tiempos de millones de futuros nacimientos. Las identidades genéticas también cambiarían. Cuando llegue la siguiente generación, estas diferentes identidades van a llevar a distintos patrones de matrimonio y por lo tanto un conjunto nuevo de personas en el futuro. ¿Entonces cómo podemos realmente decir si nuestra regla de la luz amarilla es buena? ¿Acaso no estamos operando en la oscuridad? Si piensa acerca de estas interrogantes por suficiente tiempo, va a empezar a preguntarse si alguna vez podríamos juzgar las buenas consecuencias en absoluto.

Una vez que empieza a preocuparse del problema epistémico, va a temer la aparición de un nerviosismo moral extremo. Prácticamente cada acción parecerá que tiene consecuencias gigantescas para nuestro futuro. Vas a temer que tal vez has puesto en movimiento las muertes dolorosas de millones la última vez que te pasaste una luz amarilla; pero alégrate, también podrías haber salvado un millón de otras vidas. Todas esas vidas pendían de tu decisión. En cualquier momento, muchos de nosotros tal vez estemos hacienda algo que lleve a resultados verdaderamente maravillosos, resultados verdaderamente desastrosos, o probablemente, una mezcla de las dos. Parece paralizante. Si fuera a internalizar esa forma de pensar, toda la vida parecería como si tuviera que caminar sobre cáscaras de huevo, excepto que las cáscaras de huevo son cambios geopolíticos que pueden causar que miles o millones se salven o pierdan en el futuro.

Puede estar pensando que este argumento es simplemente estúpido. Pero tenga paciencia. No estoy aquí para defender del nihilismo o sugerir que la ética debería enfocarse en las paradojas del viaje en el tiempo y el momento de la concepción del futuro Hitler. Me gustaría defender una versión de moralidad de sentido común, pero primero quisiera analizar un poco más de cerca del porqué la crítica epistémica no implica que deberíamos sentirnos desesperanzados sobre nuestros esfuerzos para hacer el mundo un mejor lugar. Una vez que entendamos eso, veremos que algunas versiones de la moralidad de sentido común funcionan mejor que otras, y vamos a aproximarnos más de cerca a esas formas más sensatas de moralidad de sentido común. También exploraremos argumentos nuevos para algunas de las posiciones que ya planteé. Mientras tanto, solo estoy sugiriendo que deberíamos tomar en serio los problemas con la afirmación dogmática que nunca podemos saber en términos absolutos si estamos hacienda bien por el mundo.

Estos argumentos también se entrelazan con el énfasis del libro de una preocupación profunda sobre el futuro lejano. Si la tasa de descuento social fuese lo suficientemente alta, la incertidumbre sobre el futuro lejano no importaría tanto porque, dada la lógica de descuento, la mayoría de las consecuencias futuras dejarían de importar dentro de unas décadas. Sin embargo, a tasas de descuento bajas, el desenlace de las consecuencias futuras de los actos en el presente es un ejercicio que puede seguir por mucho tiempo. No podemos desestimar la importancia del futuro simplemente porque es lejano a nosotros, y por lo tanto deberíamos preocuparnos sobre problemas epistemológicos aún más.

Entonces, para proceder, voy a dar un paso atrás y considerar si los problemas epistemológicos alteran todo el marco consecuencialista. Al mismo tiempo, voy a volver a visitar algunas preguntas de capítulos anteriores sobre plantas de Crusonia. ¿Podrían tener alguna conexión los problemas epistémicos y las plantas de Crusonia? Voy a retornar a esa pregunta una vez que analicemos algunos ejemplos de la incertidumbre radical del futuro. Casos donde las consecuencias claramente deberían importar.

Voy a enfocarme en el ejemplo de un terrorista que trae instrumentos biológicos mortales a los Estados Unidos. Los patógenos son tan mortales que, si fueran liberados, matarían a un millón de personas. Por supuesto que deberíamos intentar parar al terrorista, o al menos reducir su impacto o probabilidad de éxito, porque esto va a salvar vidas y también ayudar a proteger a los Estados Unidos en términos general. Esto no debería ser una posición controversial, sin importar cuales fueran los puntos de vista éticos y metaéticos.

Aun así, tratar de detener al terrorista no nos liga a una visión clara de cómo, exactamente, una defensa efectiva funcionaria en el largo plazo. Para volver a la lógica que explicamos anteriormente, parar al terrorista va a influenciar al mundo físico, y por lo tanto reestructurará las identidades genéticas detrás de muchas vidas futuras. Eso podría traer consigo el nacimiento de un futuro Genghis Khan o todavía un peor tirano, armado con armas más poderosas que Khan jamás haya tenido. Aun tratando de parar al terrorista, sin garantía de éxito, va a reorientar el futuro de una manera similar. Aun así, todavía hay una pequeña posibilidad (y tal vez una gran posibilidad) de que parar el ataque va a favorecer buenas consecuencias, aun en el más largo de los plazos. Para ponerlo en términos simples, es difícil ver que un gran ataque con armas biológicas mejorare el valor esperado neto de los prospectos de largo plazo de la civilización.

Para estar seguros, hay escenarios posibles en los cuales el ataque funciona para bien. Por ejemplo, puede dar lugar a una prohibición más amplia de armas biológicas y así se evitaría una gran catástrofe en el futuro. Tal vez sea así. Pero ninguna persona racional se sentiría aliviada cuando escuchen que el ataque ocurrió. En ese momento, no pensaríamos que el mundo está en camino a la salvación. Más probablemente temeríamos ataques terroristas posteriores de naturaleza similar, lo cual podría crear una puerta de entrada nueva y muy real hacia un mayor caos y tiranía global, con consecuencias adversas por décadas y hasta siglos por venir.

En otras palabras, habrá eventos y consecuencias tan significativas que nos empujarían a la acción sin mucha resistencia epistémica, aun si probablemente reconozcamos las incertidumbres más amplias de esa acción en el muy largo plazo. Seguramente, en algunas instancias el beneficio inicial de una acción debe ser lo suficientemente grande para persuadirnos de buscarlo[2].

Por lo tanto, podemos evitar una parálisis completa o un agnosticismo absoluto, al menos para algunas de nuestras decisiones. No importa qué tan grande sea la incertidumbre que rodea a las consecuencias de largo plazo, podemos tomar algunas acciones en pro de buenas consecuencias en el corto plazo. Solo es necesario que esas consecuencias

---

[2] La literatura económica sobre probabilidad ofrece un debate sobre si podemos en algún momento decir «no tenemos idea» sobre la probabilidad de ese resultado. Bajo una Mirada, siempre podemos asignar una probabilidad bayesiana, ya sea explícita o implícita, a varios resultados (Caplan 1999). Aun si no estamos seguros, en principio existen probabilidades de apuestas que podríamos o no estar dispuestos a tomar para una decisión dada. Estas apuestas contra factuales nos ayudan a precisar estimaciones de probabilidad implícitas para cualquier resultado imaginable. Bajo la segunda mirada, un o simplemente no puede asignar probabilidades a algunos eventos (O'Driscoll and Rizzo 1996). Esos eventos son únicos y «radicalmente inciertos», y por lo tanto no entran en las categorías estándar de teoría probabilística. Pero aun en estos casos todavía tenemos grados de incertidumbre. Podría «no tener idea» sobre mi cumpleaños sorpresa, pero esta incertidumbre no es comparable con el hecho que «no tengo idea» sobre vida inteligente en otros planetas. El contexto social de fondo nos va a dar algunas expectativas, aun cuando no podemos asignar números definitivos a los pronósticos probabilísticos. Para una mirada primeriza al argumento que muchas veces tenemos idea sobre algunas consecuencias, vea Mill (1969 [1852], 180).

buenas de corto plazo sean lo suficientemente grandes y con un valor obvio.

La crítica epistémica no se enfoca en la búsqueda de beneficios grandes o por adelantado. En vez, los artículos en esta literatura filosófica muchas veces especifican pequeños beneficios. Hay una razón para esto, a saber, que esos casos le conceden a la crítica epistémica un mayor peso. Veamos estos argumentos en más detalle.

James Lenman, un filósofo y comentarista de esta literatura, duda de la importancia de consecuencias como una medida del bien y mal. Los argumentos de Lenman son interesantes, pero creo que, propiamente entendidos, fortalecen el caso para pensar sobre las consecuencias utilizando un enfoque basado en reglas y un panorama general. Primero revisemos los argumentos de Lenman, y después regresaremos a lo que significaría todo ese caos[3].

Lenman presenta un ejemplo del Día D donde debemos elegir qué playa francesa invadir para derrotar a los nazis. Por supuesto, esto es una decisión importante, con consecuencias muy importantes para el resultado de la Guerra. En el ejemplo, debemos elegir entre dos playas para la invasión, pero no hay una fuerte razón militar para favorecer a una playa sobre la otra. Una de las dos opciones será probablemente la mejor decisión; solo que no sabemos cuál. Sin embargo, sí hay un factor de complicación: si descendemos en la playa del norte, un perro se va a romper una de sus piernas y va a sufrir algo de dolor, probablemente como

[3] Lenman (2000) parece favorecer «teorías éticas en las cuales el foco está en el carácter de los agentes y las cualidades de sus voluntades, teorías que son kantianas o aristotélicas en espíritu».

resultado de la acción militar. (¿O tal vez solo un leve esguince para el pobre perro?) Si descendemos en la playa del sur, no habrá ninguna lesión canina.

Aunque las teorías morales más plausibles le dan algo de peso al sufrimiento de animales, parece que el destino de la pierna del perro no es una razón fuerte para favorecer la playa sur sobre la playa norte, y tal vez no es una razón en absoluto. El asunto de la pierna del perro y el dolor asociado parecen muy pequeños en comparación a lo que está en juego: el resultado de la Segunda Guerra Mundial. Y entonces, de acuerdo con Lenman, no deberíamos elevar la cuestión de la pierna del perro, hasta *ex ante*, a tener ningún tipo de posición decisiva, porque la posición del perro resultara insignificante en el análisis final. Ese argumento tiene algo de sentido para mí. Pero Lenman concluye que no deberíamos juzgar tanto las acciones en términos de sus consecuencias. Cómo ve, este argumento es una versión de la crítica epistemológica.

Por supuesto, la respuesta de línea dura rechaza la intuición de Lenman en vez de responder a ella. Podemos imaginar al consecuencialista extremista gritando «¡salven al perro de romperse la pierna, agarren el logro que podemos ver, y al diablo la incertidumbre! ¡De cualquier modo, la variación potencial de resultados de la decisión de la invasión es alta!»

Pero esa no es mi respuesta. Estoy dispuesto a aceptar que hay algo de verdad en el punto básico de Lenman. Mi respuesta es: «Detenga al terrorista con su guerra biológica; sobre la pierna de perro no sé. Tal vez Lenman está en lo correcto y hay que debatir más su ejemplo del Día-D». Ahí solo nos queda la opinión que el consecuencialismo es más fuerte cuando perseguimos valores que son significativos en importancia absoluta. Puede debatir donde establecer el límite entre un ataque biológico y la pierna de un perro, pero una vez que se hace una distinción entre ambos casos que difieren en sus costos adelantados, tenemos algo con lo cual trabajar.

El uso de la pierna rota de un perro como un costo relevante está diseñado para ser opaco. Hay un mérito real en los argumentos en pro del bienestar animal, pero en muchas comparaciones no sabemos cuánto poder darles. Por ejemplo, no sabemos cómo comparar el bienestar de los perros frente al bienestar de los humanos; entonces, es relativamente fácil para la crítica epistémica aumentar dicha incertidumbre y causarnos dudas sobre la posibilidad de aplicar el consecuencialismo del todo. Enfocarse en la pierna de un perro, un valor relativamente pequeño y potencialmente ambiguo, da a la crítica epistémica la apariencia de ser más poderosa de lo que amerita.

Para hacer un contraste, consideremos otro escenario de invasión. En este caso, digamos que elegir la playa del norte va a resultar en la muerte de quinientos niños inocentes y elegir la playa del sur no va a causar ningún daño a civiles. En este caso la decisión es fácil, porque quinientas vidas inocentes tienen un poder y claridad consecuencialista que la pierna de un perro no tiene, aun cuando nuestra decisión va a poner en marcha una cadena de eventos con efectos de largo plazo inciertos. No hay una buena razón para no elegir quinientas vidas inocentes de antemano, dado que el beneficio inicial es lo suficientemente grande.

Ahora veamos unos casos intermedios para ver qué ocurre. Encontraremos más apoyo para la noción que a una forma modificada de consecuencialismo que se enfoca en beneficios y costos grandes le va bien cuando se enfrenta a la crítica epistémica.

La crítica epistémica puede estar basándose en un principio moral completamente diferente, un principio que aparece frecuentemente en enfoques pluralistas. Consideremos lo que llamo el Principio de la aproximación:

El Principio de la aproximación: *los resultados pueden variar de maneras complejas*. Podemos hacer un juicio razonado que son casi iguales en valor y que deberíamos ser indiferentes hacia ellos. Después de hacer una pequeña mejora en alguno de los resultados, todavía no podríamos estar seguros cual es mejor.

Comúnmente utilizamos alguna versión de este principio en cuestiones de belleza y estética. Tratamos de decidir si Rembrandt fue mejor pintor que Velázquez. Usted podría juzgar que los dos eran aproximadamente de la misma calidad e importancia, o al menos decidir que ninguno debería ser posicionado por encima del otro. Si luego descubrimos un bosquejo de Rembrandt, no tenemos que concluir de inmediato que él fue en realidad el mejor artista. Podemos todavía sostener que los dos son aproximadamente iguales en calidad e importancia[4].

El Principio de la aproximación puede aplicar a muchos juicios de bondad. Por ejemplo, imagínese, que está

---

[4] Los filósofos a menudo escriben sobre las ideas relacionadas de inconmensurabilidad e incompatibilidad. Sobre estas ideas, ver Chang (1997, 2002). Sobre el concepto relacionado de ambigüedad, ver al trabajo de Timothy Williamson, «Vagueness in Reality» (2003).

comparando un nuevo programa de vacunación con un programa que mejoraría la calidad de los antibióticos para un grupo de niños. Estas políticas pueden tener un valor equivalente, al menos si su impacto potencial fuese similar en magnitud. Este juicio de igualdad aproximada nuevamente sobrevivirá la realización que una de estas dos políticas era ligeramente mejor de lo que se pensaba anteriormente o que costaría ligeramente menos de lo anticipado.

El Principio de la aproximación, cuando aplica, implica que no deberíamos discriminar sobre la base de beneficios y pérdidas relativamente pequeños. Los futuros cambios en juego —el resto de la humanidad estando en juego— parecen tan grandes que cambios relativamente pequeños no sacan a la comparación original de la categoría de lo poco claro y borroso.

En la comparación de Rembrandt y Velázquez, pequeños cambios, como el encontrar otro bosquejo sin publicar, son abrumados por los totales absolutos de creatividad tan grandes. En cuanto a la comparación del Dia D, el pequeño cambio —la pierna del perro— es abrumado por la incertidumbre sobre las consecuencias. En otras palabras, la crítica epistémica extiende una versión del Principio de la aproximación a comparaciones que conciernen a la incertidumbre. Aun así, el consecuencialismo sigue en pie, por lo menos si perseguimos beneficios iniciales grandes, como salvar quinientas vidas inocentes.

O mírelo de esta manera: cualquier cosa que intentemos hacer está, por así decirlo, flotando en un mar de incertidumbre radical de largo plazo. Solo las metas iniciales grandes e importantes van a, en equilibrio, estar por encima de la efervescencia siempre presente, y permitirá que las comparaciones sean más que una aproximación. Tener muchas metas pequeñas en juego simplemente significa que nuestras intuiciones morales van a acabar confundidas, lo cual es de hecho la conclusión correcta e intuitiva. Si hay alguna víctima de la crítica epistémica, es el enfoque en beneficios y costos pequeños, pero no el consecuencialismo más generalmente. Si agrupamos apropiadamente, «pensamos en grande» y buscamos plantas de Crusonia, nuestras intuiciones morales van a elevarse por encima de la efervescencia de la varianza de largo plazo.

Los críticos epistémicos tal vez sugieran que, por ser tan difíciles de predecir, las consecuencias no deban importar mucho, por lo menos no comparadas a la deontología o la ética de las virtudes. Pero una mejor conclusión es que la efervescencia de la incertidumbre nos debería inducir a elevar en importancia los beneficios grandes relativos a los pequeños, para así poder sobrellevar el Principio de la aproximación. En otras palabras, otro aspecto más de la teoría moral dirige nuestra atención hacia la búsqueda de plantas de Crusonia.

¿Cuáles son las implicaciones prácticas de estos argumentos?

Los argumentos de arriba tienen (al menos) dos implicaciones prácticas para lo que deberíamos creer, como creer y cómo debemos actuar. Analizaré el agnosticismo y los derechos individuales, respectivamente.

Cómo ser un buen agnóstico

Deberíamos ser escépticos respecto de los ideólogos que afirman saber todos los caminos relevantes para mejorar nuestro mundo. ¿Cómo podemos estar seguros de que una ideología favorecida de hecho traería consigo buenas consecuencias? Dada la incertidumbre radical del futuro lejano, no podemos saber cómo alcanzar nuestras metas preferidas con algo de certeza al tratarse de horizontes más largos de tiempo. Nuestro apego a medios específicos debería ser entonces sumamente tentativo, sumamente incierto y radicalmente contingente.

Aunque racionalmente creamos que nuestras opiniones políticas son las mejores que existen, solo tendrán una pequeña probabilidad de ser correctas. Deberían tener la probabilidad más alta de ser las correctas, con relación a todas las opiniones disponibles, pero esta probabilidad no será alta para nada en términos absolutos. Compare la elección entre nuestra política y apostar al principio de la temporada cuál será el equipo favorito para ganar la Serie Mundial. Ese equipo tiene en realidad la mejor probabilidad de ganar, pero la mayoría del tiempo no acaba siendo el campeón. La mayoría del tiempo nuestras predicciones deportivas son equivocadas aun cuando somos buenos pronosticadores en promedio. Lo mismo ocurre con la política y las políticas públicas.

Por lo tanto, nuestras actitudes acerca de los demás deberían ser tolerantes. Imagínese que su probabilidad de tener razón es tres por ciento, y su probabilidad de equivocarse es noventa y siete por ciento. Sin embargo, cada punto de vista opuesto tiene solo un dos por ciento de probabilidad de estar correcta, lo cual es un poco menos que su propia probabilidad. Aun así, hay muchos puntos de vista opuestos, entonces incluso cuando el suyo es el mejor, probablemente también estará equivocado. Ahora imagínese que su equivocación conducirá a una tasa de crecimiento económico más baja, un futuro más pobre y hasta tal vez el fin prematuro de la civilización (¡no hay suficiente ciencia para esquivar ese asteroide!). Eso significa que sus opiniones políticas, aunque puede que sean las mejores que existan, tendrán consecuencias negativas graves con una probabilidad de .98 (uno menos dos por ciento, ese dos siendo que está en lo correcto en los detalles de las relaciones de medios y fines). En este escenario, ¿cuán confiado debería realmente estar acerca de los detalles de sus creencias políticas? ¿Qué tan firme debería ser su dogmatismo acerca de las relaciones de fines y medios? Probablemente no mucho; es mejor adoptar una conducta tolerante y realmente sentirla.

Como regla general, no deberíamos darnos una palmadita en la espalda y sentir que estamos en el lado correcto de un problema. Deberíamos elegir el curso de acción que probablemente será el más correcto, teniendo en cuenta que al final del día es más probable que estemos equivocados a que tengamos razón. Nuestras opiniones particulares, en política y en otros ámbitos, no deberían ser más certeros que nuestra evaluación acerca de qué equipo ganará la Serie Mundial. Con esta actitud, las posturas fingidas en política pierden mucho de su atractivo, y en realidad deberían verse como deshonrosas o tal vez como una señal de nuestra propia naturaleza confiada y delirante.

Por qué el caso de los derechos es convincente, y qué derechos son los importantes

La crítica epistémica sólo nos ayuda a entender por qué deberíamos respetar los derechos individuales en vez de anularlos a favor de mejores consecuencias. También nos ayudan a delinear los límites de esos derechos individuales.

Por ejemplo, consideremos el derecho de un bebé inocente a no ser asesinado. Digamos que, como yo, usted cree en ese derecho, pero después se le presenta un contra ejemplo en el que matar a ese bebé inocente, va a incrementar el ingreso nacional por $5 millardos. Normalmente, los economistas valoran una vida por mucho menos de $5 millardos; típicamente la valoran en aproximadamente $5 millones, lo cual es una gran diferencia. No obstante, en esta instancia es incorrecto establecer la comparación como la ecuación: «vida de un bebé: $5 millardos», para luego tener que decidir. La comparación correcta es «vida de un bebé *vis-à-vis* la efervescencia de una incertidumbre masiva con una ganancia de $5 millardos incluida como un elemento de esa efervescencia». Usar la segunda frase nos permite ver con mayor claridad que debemos evitar el asesinato de un bebé. Hasta hay una buena probabilidad —aunque menos del cincuenta por ciento— que evitar el asesinato del bebé también sería bueno para el PIB.

En otras palabras, los derechos rara vez entran en conflicto con las consecuencias según los experimentos filosóficos de pensamientos sencillos. Por lo tanto, podemos cambiar la forma que pensamos sobre la incertidumbre radical y las consecuencias. En vez de dejar que nos paralice, podemos pensar sobre la incertidumbre radical como algo que nos libera para actuar moralmente, sin sucumbir al miedo de que participamos en una destrucción consecuencialista.

También podemos ver esta incertidumbre radical como apoyando a una nueva fascinación con la vida humana y la toma de decisiones; podemos aceptar que muchas o todas nuestras acciones tendrán consecuencias que no siempre podamos predecir. En promedio, estas consecuencias serán positivas, pero siempre podemos preguntarnos sobre las futuras consecuencias que pusimos en marcha. Vamos a asombrarnos con nuestros poderes extraños y casi raros en este contexto.

A pesar de toda la confusión que podamos sentir acerca del producto marginal de un acto individual, esto también es una noción fortalecedora, relacionada con la idea de que todas las sociedades exitosas están basadas sobre alguna noción de fe. En este caso podemos aferrarnos a nuestra fe en que debemos hacer lo correcto—y de hecho hacer lo correcto por su propio mérito—sin ser brutalmente detenido por el miedo que estamos provocando un desastre consecuencialista.

Ahora consideremos otro experimento de reflexión filosófica: O asesinamos a un bebé en particular, o los extraterrestres provenientes de Alpha Centauri van a destruir toda la Tierra. Aquí tenemos más campo para ser lo que se llama un consecuencialista en derechos. Asesinar a un bebé está mal, pero si no lo hacemos, más bebés serán asesinados (de hecho, millones más). A un lado de la ecuación, tenemos «asesinar un bebé». Y por el otro lado de la ecuación, tenemos «todos los bebés serán asesinados, todo en la Tierra se pierde, y ya que no habrá vida humana en la Tierra, no más plantas de Crusonia, ni ninguna efervescencia de incertidumbre le seguirá».

Es posible ver en este caso porque elegiríamos asesinar al bebé. Por un lado, el costo de asesinar al bebé es ahora mucho más alto. Por otro lado —y esto es significativo— si el mundo llega a su fin, no habrá una incertidumbre residual sobre lo que pasará a continuación. Deberíamos buscar mejores consecuencias y no hay ninguna efervescencia de incertidumbre que justifique seguir con los derechos del bebé individual. Y en ese sentido, la noción de derechos postulada aquí no es estrictamente absoluta en contra de todas las posibles consecuencias externas con las que los filósofos sueñan. Aun así, muchos o todos de los ejemplos hipotéticos en los cuales los derechos deberían ser violados no son muy relevantes a las decisiones del mundo real que hemos tenido que enfrentar hasta el momento.

Ciertamente, no sabemos exactamente cuándo esta comparación debería terminar y en qué punto el caso para asesinar al bebé inocente se vuelve fuerte. ¿Y qué tal si la decisión consiste en asesinar a un bebé o los extraterrestres solo destruirán la nación de Nepal? El número de vidas afectadas por la amenaza extraterrestre podría ser más alta o baja hasta que el teórico de los derechos se rinda. No sabemos exactamente dónde demarcar la línea. Puede pensar sobre esto como una de las mayores debilidades de la teoría de derechos que estoy proponiendo. Aun así, esto nos deja con una teoría de derechos, en la que los derechos son verdaderamente absolutos, al menos con los ejemplos que consideramos que coinciden con algunos hechos muy básicos sobre el mundo real, como por ejemplo la existencia de plantas de Crusonia y la efervescencia de la incertidumbre consecuencialista.

Usando este entendimiento del problema epistémico, también podemos ver más evidencia del porqué «la ética del bote salvavidas» podría diferir de nuestras recomendaciones éticas más comunes y prácticas. Defino la ética de bote salvavidas como la ética que debería gobernar cuando el fin del mundo —o el fin de una gran parte del mundo— se aproxima. La gente en un bote (que no será rescatado) no puede anticipar grandes mejoras en su bienestar, o un gran crecimiento económico en su futuro. Los tiburones están dando vueltas al bote, y la comida y el agua se acabarán. Por diseño, el bote salvavidas en este ejemplo no está conectado a la efervescencia más amplia de la incertidumbre en el mundo entero.

¿Entonces qué significa esto? En escenarios como el del bote salvavidas, los beneficios en juego serán típicamente pequeños precisamente porque los botes salvavidas, aun los más grandes, son pequeños. Por ende, los derechos adquieren una fuerza mayor, en términos relativos. No importa que haga, no puede producir beneficios sociales grandes en situaciones como la del bote salvavidas, entonces no hay un caso más fuerte que simplemente hacer lo correcto. No lance a la persona más débil afuera del bote, o cocine su carne; es lo incorrecto y no hay tanto que podamos ganar de eso. Hacer una tortilla de huevo puede requerir romper algunos huevos, pero aquí la tortilla es pequeña, y además no muy sabrosa, por lo que digo que hay que dejar esos huevos intactos. Una vez más, el caso para los derechos humanos es más fuerte de lo que aparenta en un principio.

CONCLUSIÓN

Algunos de mis argumentos se han ocupado del tema de la distancia. He argumentado que los habitantes del futuro están menos distantes a nosotros, en términos morales, que lo que muchos piensan. Por lo tanto, deberíamos tomar más en serio las implicaciones de nuestras decisiones para ese futuro.

Esa gran preocupación por el futuro nos induce a repensar una variedad de preguntas morales, incluyendo la importancia del crecimiento económico y los mejores tipos de redistribución, y entre otras consideraciones, hace que la estabilidad de los sistemas sociales tenga una prioridad más alta. El capítulo anterior sobre agnosticismo e incertidumbre radical fue un argumento adicional para estar dispuestos a pensar en grande. Si nuestros valores fueran a elevarse en importancia por encima de la efervescencia de la incertidumbre de largo plazo sobre los efectos de nuestras acciones, debemos mirar a valores relativamente grandes e importantes. Esto nos trae de regreso al lugar donde las plantas de Crusonia reinan y el crecimiento económico sostenible es todo importante.

Aquí está mi resumen corto de tres puntos, de donde nos han traído estos argumentos:

Primero, creer en la importancia primordial del crecimiento económico sostenido es más que filosóficamente factible. De hecho, quizás sea filosóficamente imperioso. Deberíamos buscar beneficios grandes en vez de pequeños, y tener una preocupación profunda por el futuro lejano en lugar de descontarlo exponencialmente. Incrementar el crecimiento económico sostenible debiera ser nuestro estándar operacional para evaluar decisiones, porque esas decisiones van a superar problemas de agregación y son decisivamente buenas. Esto nos provee un indicador cuantitativo amplio para el desarrollo de largo plazo de la civilización humana, y constituye un medio para encontrar y promocionar valores plurales correlacionados.

Segundo, existe suficiente cabida para que nuestra moralidad, incluyendo nuestra moralidad política, sea estricta y se base en la noción de reglas y derechos. Deberíamos someternos a la restricción de respetar los derechos humanos, notando que solo los derechos humanos cuasi absolutos serán lo suficientemente fuertes para establecer cualquier restricción de perseguir los beneficios de una tasa más alta de crecimiento económico sostenible.

Al final de este túnel no tenemos la «Mejor Teoría Ética», como quizás querría derivar un filósofo, solo algunas reglas de toma de decisiones buenas que nos sirven como guía para la vida, al igual que algunos estándares sobre cómo podemos imaginar un futuro más prometedor.

Para ser claros, no hice ningún intento para probar la existencia absoluta de derechos. Pero una vez que empezamos a pensar en términos de cambios grandes y exhaustivos, una creencia en derechos encaja de forma natural. Tenemos algunas reglas para lo que tenemos que hacer —maximizar el crecimiento sostenible— y otras reglas —derechos— que ponen algunas restricciones a esas decisiones. En otras palabras, las reglas de orden inferior existen dentro de los confines de las reglas de orden superior, es decir, respetando los derechos humanos. Deberíamos atenernos a las prioridades y reglas que elegimos de manera estricta. En vez de derechos y consideraciones consecuencialistas que representan enfoques filosóficos contrastantes o en conflicto, la puerta está abierta para que la consiliencia y la compatibilidad reinen, dentro de un enfoque basado en reglas que nos haga pensar en ambos lados de la ecuación consecuencialista, tanto la que es basada en derechos y la más práctica.

No tenemos que defender perspectivas basadas en derechos bajo el criterio de que son una «mentira noble» muy práctica. Es agradable ver que los beneficios prácticos de las reglas sean reconocidos, pero el enfoque de la mentira noble es muy cínico. Asume desde un principio que las reglas son filosóficamente débiles cuando no lo son. Entonces, en vez de ver la creencia en reglas estrictas como una mentira noble, véalo como una verdad noble muy importante.

Desde la perspectiva puramente práctica, es poco probable que los tomadores de decisión en el mundo real piensen en términos muy grandes. Es más probable que la naturaleza de la política produzca demasiadas ideas pequeñas en vez de muy pocas. En un escenario de día a día, o caso por caso, los tomadores de decisión están simplemente esperando sobrevivir el próximo ciclo electoral. No es mi intención que eso sea una crítica cínica de la naturaleza humana; más bien, es una implicancia de competencia política dentro de ciclos electorales cortos relativos a los horizontes de tiempo o que importan para asuntos de política. (La cámara de diputados en EE. UU tiene un ciclo electoral de dos años para políticas que podrían tener efectos en veinte o treinta años, o, aún más tiempo en el caso de políticas ambientales.) Esa es una razón por la cual nuestra política se equivoca tanto. Entonces, desde un punto de vista pragmático o consecuencialista, hay un argumento adicional que podemos hacer para imaginar nuestras decisiones políticas en términos de paquetes más amplios de decisiones y reglas, al menos supuesto que siempre tengamos las reglas correctas.

En tercer lugar, deberíamos ser muy cautos en nuestras actitudes sobre políticas específicas. Aun cuando tengamos éxito en apuntar a lo que realmente pensamos que son los cursos de acción correctos, la probabilidad que estemos en lo correcto en los detalles específicos —aun cuando la probabilidad es lo más alta posible— tiende a no es muy alta. Es como tratar de adivinar el origen del universo. Lo mejor que puede hacer es elegir lo que piense que es lo correcto con un 1.05 por ciento de certidumbre, en vez de elegir la opción que piense que es correcta con un 1.03 por ciento. Lo más probable es que esté equivocado, aun cuando se probable que otros estén aún más equivocados que usted, y por lo tanto su actitud debería ser correspondientemente modesta en un sentido epistémico.

Para más recomendaciones concretas, sugiero lo siguientes:

La política pública debería mirar más hacia adelante y estar más preocupada con el futuro lejano.

Los gobiernos deberían darle más importancia a la inversión de lo que actualmente hacen, tanto en el sector privado como en el sector público. Relativo a lo que deberíamos estar haciendo, vivimos en una sequía de inversión.

La política pública debería estar más preocupada con el crecimiento económico, debidamente especificado, y las discusiones de políticas deberían prestarles menos atención a otros valores. Y sí, eso significa que su valor favorito también será destituido. Sin excepciones, excepto solo para los derechos humanos semiabsolutos.

Deberíamos estar más preocupados con la fragilidad de nuestra civilización.

La posibilidad del pesimismo histórico es un desafío a todo este enfoque, porque en esa perspectiva el futuro es sombrío sin importar lo que ocurra, y no habría un futuro lejano al que podamos mirar para resolver los dilemas de agregación involucrados en la toma de decisiones que afectan a tantos seres humanos.

Deberíamos ser más caritativos, pero no estamos obligados a regalar toda nuestra riqueza. Sí tenemos una obligación a trabajar duro, ahorrar, invertir y alcanzar nuestro potencial humano, y deberíamos tomarnos estas obligaciones muy seriamente.

Podríamos adoptar mucho de la moralidad de sentido común con el conocimiento que no es inconsistente con una teoría ética más profunda. La moralidad de sentido común puede ser reconciliada con muchas de las recomendaciones normativas que emergen de un marco impersonal y consecuencialista.

Cuando se trata de la mayoría de «pequeñas» políticas que afectan solo al presente o al presente cercano, deberíamos ser agnósticos, porque no podemos superar los problemas de la agregación para emitir un juicio defendible. Las excepciones principales son el pequeño número de políticas que benefician a casi todos.

La visión utópica

Mi visión política utópica es una sociedad que sigue estos principios. Eso significa una sociedad que deja que la individualidad, la felicidad y la autonomía florezcan hasta su máxima expresión. No espero que algo tan bueno realmente ocurra, pero no obstante sí es una visión para la vida y para usar cuando uno define su filosofía personal y política. Y para subconjuntos más pequeños de temas políticos, especialmente aquellos que son tan específicos que no afectarían el crecimiento económico sostenible, hay mucho lugar para que diferentes visiones coexistan, ya sean políticas o de otra índole. Hay un aspecto significativo de apertura en este enfoque, y representa un pilar principal de pensamiento político en vez de un sistema cerrado que contesta o trata todas las preguntas posibles. Puede adoptar esta perspectiva sin tener que abandonar todas sus otras micro visiones para un mejor orden político y social.

Habiendo dicho todo eso, la mayoría del trabajo normativo está conectado a una intuición visceral, y esta presentación no es una excepción. Tengo el sentimiento —y sí, estoy dispuesto a describirlo como tal— que deberíamos mirar un poco más allá de nuestras limitaciones percibidas. Es lo suficientemente fácil llevar a cabo las tareas pequeñas claramente beneficiosas; el consejo de política pública más importante no siempre debería sentirse cómodo o práctico.

Deberíamos esforzarnos para aumentar significativamente el bienestar humano futuro a través de horizontes de tiempo largos. Mientras luchamos por grandes logros, vamos a encontrarnos con muchos costos y obstáculos secundarios a lo largo del camino. No estamos seguros cuánto peso deberíamos atribuirles a estos costos, tal y como no estamos seguros como valorar la pierna rota del perro en el ejemplo del Día D en el capítulo cinco, dada la gran incertidumbre asociada con nuestras decisiones. Pero estos costos —y beneficios— secundarios son probablemente menos importantes de lo que pensamos. Deberían ser menos que un obstáculo a nuestros intentos de mejorar nuestra civilización y volverla más perdurable.

Cuando pienso acerca de la política pública, a veces tengo una pequeña voz en mi cabeza que dice, «solo preocupémonos en hacer algunas mejoras pequeñas hoy. Los grandes planes siempre se reducen a nada. ¿De todas formas, qué es el futuro? ¿Acaso las mejoras actuales, por más pequeñas que sean, no son ya difíciles de implementar?

Seamos supremamente pragmáticos y enfoquémonos solo en el aquí y ahora. En todo caso, eso es lo mejor que podemos hacer por el futuro. El futuro puede cuidarse de sí mismo. Dejemos de lado nuestras fantasías».

Pero al volver a pensar, y me doy cuenta de que estoy participando de una forma cómoda de auto engaño. Sé que como seres humanos estamos biológicamente programados para responder al estímulo inmediato y al corto plazo a expensas del futuro. Muchos de nosotros no planificamos con suficiente antelación o ahorramos lo suficiente para nuestro retiro. Personas muy sedientas tomarían agua salada por desesperación, aun cuando reduce sus posibilidades de sobrevivencia. Entonces no podemos siempre confiar en nuestra programación innata y nuestros mecanismos de respuesta. Estos mecanismos pueden haber sido buenos en sociedades de cazadores y recolectores, pero son más costosos en una sociedad próspera con instituciones políticas de gran escala, problemas persistentes de largo plazo, y la habilidad de generar crecimiento económico sostenido y compuesto.

Por lo tanto, me gustaría ser más sospechoso de nuestra pequeña voz que favorece el pragmatismo supremo de corto plazo. Quisiera sugerir que es un vicio, lo que para el hombre pensante sería el equivalente a la gratificación de corto plazo del hombre salvaje. Es uno de nuestros más recientes mecanismos adaptivos para sentirnos bien con nosotros mismos a expensas de dejar que Roma se queme. Yo sugiero que en lugar de eso deberíamos apuntar nuestras energías políticas a pensar sobre lo que el largo plazo depara a nuestra civilización. Eso significa enfocarnos en el futuro de la libertad, la riqueza, la ciencia e instituciones saludables, y que funcionen bien, gobernadas bajo reglas y derechos.

Acabo este libro reiterando algunos puntos centrales. Nuestra civilización tiene muchos valores plurales maravillosos. Preservar y extender esos valores a lo largo del tiempo debería ser nuestra prioridad. El crecimiento económico sostenible eleva los estándares de vida y el bienestar humano, y da lugar a otros valores plurales. El caso de una buena sociedad, debidamente especificado, es sólido, y no cae preso a los problemas usuales de utilitarismo y consecuencialismo. Se permite creer en derechos humanos absolutos o casi absolutos. Podemos, y debemos, ser parcialmente utópicos en nuestros compromisos personales y políticos. No deberíamos tener miedo de pensar en términos de un panorama general, en vez de evaluar todo caso por caso. Deberíamos ser muy escépticos de opiniones instrumentales específicas de lo que es probable que promueva el bien.

Todavía no tenemos la mejor teoría ética. Pero deberíamos vivir nuestras vidas al máximo, con la certeza que la moralidad de sentido común tiene una conexión profunda con lo que es lo verdaderamente correcto.

APÉNDICES

Apéndice A—Alguna matemática opcional y comentarios sobre algunas mediciones

Matemáticamente, podemos formalizar nuestra preocupación por el futuro de varias maneras. El método más simple postula un estricto descuento de cero de la utilidad. En términos matemáticos, se ve así:

(1) $$SW = \Sigma U(a_t)$$

Una ética basada en esta ecuación significaría una neutralidad básica sobre las utilidades en el tiempo. El bienestar de ninguna persona valdría menos simplemente por su distancia temporal[1].

Otro enfoque se basa en la «Regla de Oro» de la teoría económica del capital. La Regla de Oro nos dice que

[1] Cowen (1992) trata de axiomatizar este enfoque.

elijamos entre el camino más alto y sostenible de utilidad o consumo a través del tiempo. Matemáticamente, se ve algo así:

(2) **Max: lim U (a_t)**

Es decir, deberíamos maximizar el valor de estado estacionario—en este caso, la Plus Riqueza—en un horizonte de tiempo indefinido[2].

Simpatizo tanto con el descuento cero del bienestar como con la Regla de Oro. Y bajo una variedad de condiciones técnicas, los dos principios implicarían las mismas decisiones a través de todas las comparaciones[3]. Pero hay otro enfoque para comprar valores presentes y futuros. Una tasa de descuento explícita de cero requeriría que un interés futuro siempre reciba la misma consideración que un interés presente. Ya sea que esta conclusión encaja o no con nuestras intuiciones morales, suena como una aseveración muy fuerte, especialmente con la palabra «siempre». En cuanto a la Regla de Oro, las propiedades matemáticas dificultan su generalización más allá del caso de horizontes de tiempo infinitos.

Como una modificación a estos enfoques, el criterio de superación es una regla general más modesta para

[2] Para presentaciones primeras de la Regla de Oro, ver Ramsey (1928), Phelps (1961),y Meade (1962). La Regla de Oro «Verde» le presta atención especial a la agotabilidad de los recursos, pero incluye los mismos principios básicos: ver Beltratti, Chichilnisky, y Heal (1993) y Heal (1998).

[3] Heal (1998, 110–111) trata estas condiciones. Para una versión del axioma de superacion, pero más general y sin los requerimientos de continuidad, ver Basu y Mitra (2007); ver también Banerjee (2006) para un análisis de ideas relacionadas. Para una mirada relacionada de temas filosóficos, ver Vallentyne (1993, 1995) y Vallentyne y Kagan (1997).

intercambios entre el presente y futuro. Siempre deberíamos estar dispuestos a renunciar a un beneficio discreto hoy si en su lugar podemos crear un flujo suficientemente grande de incrementos de bienestar para el futuro. Sin embargo, este criterio no especifica algún valor numérico o una tasa de descuento universalmente aplicable. Podemos escribir lo siguiente:

El Criterio de Superación: Una secuencia h^{oo} = (a1, a2, …) es preferida a h^{oo} = (a1, a2,…) si

La matemática puede parecer intimidantemente, pero simplemente quiere decir, que preferimos una secuencia de valor a otra, si una secuencia, en algún momento en el tiempo, es sistemáticamente más alta que la otra. Por ejemplo, compare las dos secuencias:

(a) **3, 3, 4, 4, 5, 6, 6, 6, 6, 6, 6, 6 …**

(b) **4, 4, 5, 5, 5, 5, 5, 5, 5, 5, 5, 5 …**

Por diseño, la secuencia (a) va a continuar con seises, y la secuencia (b) continuará con cincos. Utilizando el criterio de superación, (a) es mejor que (b), aun cuando (b) aporta mayor bienestar en los primeros periodos. Nuevamente, estoy pensando en estos números como correspondientes a lo que llamo Plus Riqueza.

Similarmente, el criterio de superación va a preferir (c) a (d) para:

(c) **3, 3, 7, 8, 9, 10, 11, 12, 13, 14 …**

(d) **4, 4, 6, 7, 8, 9, 10, 11, 12, 13 …**

Como está escrito, esto asume cada elemento en cada secuencia continúa subiendo uno a uno.

La sobreimposición de un horizonte de tiempo infinito no es un requisito para que el criterio de superación tenga sentido. En su lugar, podemos preferir (a) a (b) y (c) a (d) si el horizonte de tiempo relevante es lo suficientemente largo para que una secuencia sea claramente dominante en términos de bienestar sobre la otra. Sencillamente, si (a) le gana a (b) por algunos cientos de años, estoy feliz con preferir (a). También podemos agregar principios de Pareto al criterio de superación para que, si una secuencia tiene algunos valores inequívocamente más altos en algún momento, es mejor, aun cuando no supera a los otros por el resto de los periodos de tiempo, pero se mantiene igual a ellos[4].

Podría parecer que las tasas de descuento bajas, expresadas a través de esta variedad de supuestos matemáticos, le dan mucho peso al futuro relativamente al presente. Pero

---

[4] Chichilnisky (1997) sugiere una versión modificada del Criterio de Superación que no fuerza que el periodo presente cuente por algo. Consideraríamos esa alternativa si de hecho nos enfrentaríamos a un horizonte de tiempo infinito y un problema de «dictadura del futuro». Note que, con un horizonte de tiempo infinito, el Criterio de Superación no cumple ciertos axiomas de equidad intergeneracional, como el anonimato o la indiferencia en decisiones de identificación. Sobre las dificultades en satisfacer todos los axiomas razonables en un horizonte de tiempo infinito, vea por ejemplo Fleurbaey y Michel (2003) y Sakai (2003). Asheim, Buchholz, y Tungodden (2001) responde a algunos cargos de este tipo. Sobre los postulados de estacionariedad e independencia, ver Koopmans (1960). Bostrom (2011) considera problemas filosóficos y matemáticos al trabajar en un marco de horizonte infinito.

hay razones empíricas profundas para que el presente no pierda su importancia en nuestras decisiones. El crecimiento económico es un proceso acumulativo con relaciones causales entre las variables al inicio del crecimiento y en etapas subsiguientes. Esto significa que —usualmente— la mejor forma de satisfacer el criterio de superación es poner al presente en buena posición para construir para el futuro. Dicho de otra manera, el crecimiento requiere que todos invirtamos en buenas instituciones, lo que significa también hacer buenas cosas para el aquí y ahora[5].

Las teorías cíclicas de la sociedad, como encontramos en pensadores clásicos, como Montesquieu y Vico, dificultarían la aplicación del criterio de superación en una manera útil. Asuma, por ejemplo, que sociedades exitosas se infectan de arrogancia y luego se autodestruyen como consecuencia de sus éxitos pasados. Además, podrían ser esas sociedades fallidas las que se levantan de las cenizas y acaban logrando grandes glorias. En este caso, una secuencia más alta en un periodo significaría, en promedio, secuencias sistemáticamente más bajas en periodos futuros. La superación sistemática nunca funcionaría. Dicho eso, mientras haya un grado de convergencia en la figura, no hay mucha evidencia sistemática que los perdedores de hoy serán los ganadores de mañana. Si está tratando de predecir niveles absolutos de prosperidad en el futuro, estaría bien

---

[5] Sobre la naturaleza cooperativa del problema intergeneracional, vea Heath (2013). Para una mirada sobre el intercambio generacional sostenible en el tiempo, ver Rangel (2000).

advertido que en general es mejor apostar a los ganadores previos, por razones que mencionamos en el capítulo tres[6].

Comparaciones con descuentos gamma

Hay otra manera de derivar factores de descuento relativamente bajos, y esa es considerar modelos en los que el factor de descuento cambie en el tiempo[7]. La manera en que los cálculos de valor esperado funcionan, matemáticamente, es que la tasa de descuento más baja tendrá una contribución relativamente alta al análisis del resultado final. Esto emerge de la literatura de lo que se conoce como descuentos gamma, y lleva a resultados ampliamente consistentes con una preocupación profunda por el futuro lejano.

Aquí hay una manera simple de pensar acerca de esta lógica: digamos que hay una misma probabilidad que la tasa de interés relevante será uno o cinco por ciento. El valor de un dólar en 100 años es 36.9 centavos con una tasa de descuento de uno por ciento, pero sólo 0.76 centavos a una tasa de descuento de cinco por ciento. Dada la convexidad de los rendimientos, el promedio o valor esperado de la tasa de descuento está por debajo de dos por ciento, porque esa es la tasa a la que obtendría 36.9 + 0.76 dividido entre dos como el pago esperado. Es incorrecto promediar las mismas tasas de descuento, tomando por ejemplo 1 + 5 = 6 y después dividiendo entre dos para obtener un promedio de tres por ciento. El promedio es aplicado a los pagos, y eso les da

---

[6] Sobre el tema de convergencia, vea por ejemplo Pritchett (1997) y también Comin, Easterly, y Gong (2010).

[7] Ver Weitzman (1998, 2012), y también Farmer and Geanakoplos (2009) y Arrow et al. (2014).

a las tasas de descuento más bajas una mayor influencia sobre los valores esperados totales.[8]

Entonces las tasas de descuento más bajas tienen un peso más grande para determinar la valoración de valores futuros lejanos. Esto no es exactamente un reflejo del criterio de superación, pero si aumenta su posibilidad al favorecer una tasa de descuento relativamente baja[9].

Nuestros comportamientos a veces reflejan una versión del descuento gamma. Por ejemplo, en cuestionarios, mucha gente sugiere que el presente es más importante que 40 años en el futuro, pero que distancias de tiempo más lejanas dejarán de importar mucho. En esta mirada, que pasa de aquí a cuatrocientos años, no es mucho menos importante de lo que pasa de aquí a trescientos años, aun cuando la aplicación de un estricto descuento exponencial sugeriría lo contrario[10].

Mis argumentos son consistentes con el espíritu del descuento gamma, pero elegí un camino algo diferente, como mencioné arriba. El descuento gamma todavía implica que podemos elegir un número (no cero) o un conjunto de números correctos para la tasa de descuento de largo plazo. Si dichas tasas son positivas, todavía enfrentamos la posibilidad que una sola vida valdrá mas hoy que la supervivencia mundial, siempre dado que elijamos un horizonte

---

[8] Ver Posner (2004, 153–154) y también Weitzman (2001, 260)

[9] Ver Weitzman (2001, 260).

[10] Ver por ejemplo Price (1993) y Weitzman (2001) para versiones de este punto de vista. Leahy (2000) argumenta que las técnicas estándar miden cuanto un agente en el presente se preocupa de su futuro, cuando simplemente podemos preguntar también cuanto ese agente del futuro se preocuparía de sí mismo en el presente. Ajustando por esta discrepancia también podría causarnos elegir tasas de descuento más bajas y tener una mayor preocupación por el futuro lejano.

suficientemente largo para la comparación. Para la mayoría de las cuestiones prácticas, es poco probable que surjan estos problemas, pero, sin embargo, encuentro esta conclusión moralmente contraintuitiva. Alternativamente, podemos elegir una tasa de cero para los siguientes años de nuestras comparaciones de descuento gamma, en cuyo caso vamos a movernos más cerca del criterio de superación.

Apéndice B—Bienestar animal y la conclusión repugnante de Derek Parfit

Antes de terminar, quisiera brindar algunos comentarios sobre el problema que inicialmente atrajo mi atención a la ética de la elección racional, básicamente la conclusión repugnante de Derek Parfit. Leí por primera vez el trabajo de Parfit en 1984, y he estado pensando al respecto desde entonces. No he resuelto o refutado su conclusión repugnante, pero dado el marco de estos argumentos, voy a resumir lo que pienso y mirar por qué la conclusión repugnante todavía representa un hueco en algunos de estos argumentos. Por si acaso, si no le gusta el razonamiento a partir de contra factuales morales «absurdos», puede parar de leer aquí.

La conclusión repugnante de Parfit compara dos escenarios de población. El primer escenario tiene una población muy grande, muy realizada y feliz. El mundo tiene muchos bienes ideales, como belleza, virtud, y justicia. El segundo escenario tiene una población mucho más grande, pero pocos, si algunos, bienes ideales. Para este segundo, Parfit nos pide considerar un mundo de «hilos musicales y papas». Sin embargo, las vidas en este escenario todavía valen la pena vivirse, aunque sea por un margen muy pequeño. Parfit señala que, si la población del segundo escenario es lo suficientemente grande, el segundo escenario puede dominar en bienestar al primero. No importa que tan bueno hagamos al primer mundo, la cantidad haría que tenga más peso el lado del segundo[11].

---

[11] Ver Parfit (1984, 1986).

Pocas personas considerarían que el segundo escenario —el mundo de hilos musicales y papas— es mejor que el primero. Sin embargo, es sorprendentemente difícil encontrar un algoritmo de bienestar que evita la aprobación del segundo escenario por un simple tema de más cantidad de personas. Muchos de los intentos de prohibir la aprobación del segundo escenario caen presos a más contra ejemplos filosóficos[12].

La conclusión repugnante de Parfit es como sigue: «La Conclusión Repugnante. Para cualquier población de al menos diez billones de personas, todos con una calidad de vida alta, tiene que haber una población más grande, cuya existencia, si todo lo demás fuese igual, sería mejor, aun cuando sus miembros tienen vidas que apenas vale la pena vivir»[13].

No voy a analizar todos los diferentes intentos de resolver (o exponer) esta interrogante, ya que se han escrito libros enteros para ese propósito. Para mis propósitos, es suficiente notar que la mayoría de las personas se niegan a endosar la conclusión repugnante porque sienten que utilidades muy pequeñas, sin importar su cantidad, no deberían sumar una cantidad con una gran importancia moral. Es decir, degradan las utilidades muy pequeñas de las que consisten las vidas de hilos musicales y papas.

Me he enfocado en la Plus Riqueza como un concepto fundacional para una planta de Crusonia alrededor de la cual podemos construir una teoría moral. Creo que encontré una planta de Crusonia, pero no ofreció ningún argumento para

---

[12] Cowen (1996) resume algunas de las diferentes opciones, como ponerle un techo a la importancia de los números o a la importancia de la utilidad total. Ver también Cowen (2005).

[13] Ver Parfit (1984, 387).

decir que esta es nuestra única planta de Crusonia. Elegí una planta de Crusonia de las vidas de los seres humanos tal y como los conocemos, a saber, vidas llenas de bienes ideales cuya riqueza se extiende mucho más allá del consumo de hilos musicales y papas. La conclusión repugnante de Parfit puede ser leída como representando los resultados de otra planta de Crusonia que consiste en una secuencia muy muy larga de vidas de «Hilos musicales y papas». Es fácil desarrollar el escenario de Parfit y lograr que haya muchas vidas de hilos musicales y papas ya que se auto reproducen y continúan por un tiempo muy largo.

Cuando pienso sobre la conclusión repugnante de una manera muy literal, no estoy seguro de que esas vidas de hilos musicales y papas están bien descritas al compararlas con vidas humanas como las conocemos. Aun en los países más pobres, las personas tienen relaciones humanas sustantivas y culturas muy conmovedoras y bellas. Tal vez esas vidas de hilos musicales y papas estarían mejor descritas con una comparación de algunos animales. Es decir, hay animales cuyas vidas vale pena vivir, aun cuando no tienen la mayoría de los bienes que asociamos con la prosperidad y vidas humanas más complejas. ¿Por qué deberíamos escoger la prosperidad y vidas humanas más complejas por encima de un número grande de vidas animas algo felices? ¿Acaso no consideraríamos voluntariamente eliminar la raza humana para darle más lugar a un número mayor de animales?

En otras palabras, una vez que consideramos vidas no humanas, hay muchas plantas de Crusonia en competencia. Yo no puedo, dentro de este marco, darle una razón para elegir una planta de Crusonia de vidas humanas tal y como las conocemos en vez de una planta de Crusonia que fue extraída de otros ámbitos de la naturaleza. Solo puede decir que, por razones prácticas, tenemos que trabajar con la planta de Crusonia que tenemos frente a nosotros, la cual está muy centrada en la visión rica y plural de vidas humanas tal y como las conocemos en toda su excelencia.

Por razones similares, los argumentos de este libro no pueden resolver disputas, sobre las cuales hemos debatido por largo tiempo, acerca del bienestar animal y derechos animales. Yo personalmente tengo una gran simpatía por el punto de vista que deberíamos tratar a los animales mucho mejor de lo que lo hacemos ahora. ero los derechos de animales, al menos de animales no domesticados, pertenecen a una planta de Crusonia de la que estamos considerando. Nada dentro de mi marco, como esta presentado aquí, va a resolver esos debates.

Puede recordar que algunos marcos teóricos, como el contractualismo, implican que temas de bienestar animal quedan fuera del discurso dominante de ética porque no tenemos ni podemos formar acuerdos, aun algunos hipotéticos, con animales (no domesticables). No hay como negociar con un estornino, aun cual parecen mucho más inteligentes de lo que alguna vez pensamos. Mis razones para excluir animales del argumento son diferentes, y tienen poco que ver con consentimiento o consentimiento hipotético.

Una implicación de este argumento es que no vamos a tener un camino fácil para jugarle la vuelta a los problemas de agregación cuando se trata de bienestar animal porque no hay, exceptuando a los animales domesticables —una planta de Crusonia en común. Esto también explica por qué algunos de los tratamientos más convincentes del bienestar animal no provienen de autores utilitaristas, sino de los comentaristas cristianos del bienestar animal, como Matthew Scully and y su excelente libro Dominion: The Power of Man, the Suffering of Animals, and the Call to Mercy. Para los pensadores cristianos, pero no utilitaristas, es natural ver al bienestar animal como un dominio separado, pero todavía merecedor de nuestra misericordia, una posición relativamente cercana a la que yo planteo en este libro.

De allí que el dilema de Parfit probablemente no tiene una solución, en sus aspectos centrales, tal y como no tenemos una teoría moral integral para poner en la balanza los intereses de humanos y murciélagos y seres extraterrestres que vienen de otro planeta. Los juicios morales ocurren dentro de algún cono de valor, y debemos buscar conos que nos permitan superar problemas de agregación. Dichos conos no están disponibles para solucionar todos nuestros problemas, incluyendo los problemas de bote salvavidas.

Tal vez estos comentarios decepcionarán a aquellos que esperan solucionar los dilemas de Parfit con una teoría moral. Pero podemos estar tranquilos que los clasificamos en un conjunto de dilemas más amplio y conocido —aunque siguen sin ser resueltos. Pero dentro de los conos morales que, si tenemos, y usando esas plantas de Crusonia que entendemos, yo digo, hacia adelante a toda marcha.

BIBLIOGRAFÍA

Acemoglu, Daron, Simon Johnson, and James A. Robinson. 2001. "The Colonial Origins of Comparative Development: An Empirical Investigation." *American Economic Review* 91, no. 5: 1369–1401.

Acemoglu, Daron, Simon Johnson, and James A. Robinson. 2002. "Reversal of Fortune: Geography and Institutions in the Making of the Modern World Income Distribution." *Quarterly Journal of Economics* 117, no. 4: 1231–94.

Acemoglu, Daron, Simon Johnson, and James A. Robinson. 2005. "Institutions as a Fundamental Cause of Long-Run Growth." *In Handbook of Economic Growth, Volume 1A*, edited by Philippe Aghion and Steven N. Durlauf, 385–472. Elsevier.

Alesina, Alberto, and Dani Rodrik. 1994. "Distributive Politics and Economic Growth." *Quarterly Journal of Economics* 109: 465–490.

Alexander, Peter, and Roger Gill, eds. 1984. *Utopias*. London: Duckworth.

Archer, John. 2001. "Grief from an Evolutionary Perspective." In *Handbook of Bereavement Research: Consequences, Coping, and Care*, edited by Margaret S. Stroebe, Robert O. Hansson, and Wolfgang Stroebe, 263–283. Washington, D.C.: American Psychological Association.

Argyle, M. 1999. "Causes and Correlates of Happiness." In *Well-Being: The Foundations of Hedonic Psychology*, edited by Daniel Kahneman, Edward Diener, and Nelson Schwarz. New York: Russell Sage Foundation.

Arrow, Kenneth J., Edward Leamer, Howard Schuman, and Robert Solow. 1994. "Comments of Proposed NOAA Scope Test." Appendix D of *Comments of Proposed NOAA/DOI Regulations on Natural Resource Damage Assessment*. U.S. Environmental Protection Agency.

Arrow, Kenneth J., Maureen L. Cropper, Christian Gollier, Ben Groom, Geoffrey M. Heal, Richard G. Newell, William D. Nordhaus, Robert S. Pindyck, William A. Pizer, Paul R. Portney, Thomas Sterner, Richard S.J. Tol, and Martin L. Weitzman. 2014. "Should Governments Use a Declining Discount Rate in Project Analysis?" *Review of Environmental Economics and Policy* 8, no. 2 (Summer): 145–163.

Asheim, Geir B., Wolfgang Buchholz, and Bertil Tungodden. 2001. "Justifying Sustainability." *Journal of Environmental Economics and Management* 41: 252–268.

Banerjee, Kuntal. 2006. "On the Extension of the Utilitarian and Suppes-Sen Social Welfare Relations to Infinite Utility Streams." *Social Choice and Welfare* 27, no. 2: 327–339.

Barro, Robert J. 1991. "Economic Growth in a Cross Section of Countries." *Quarterly Journal of Economics* 106, no. 2 (May): 407–443.

Basu, Kaushik, and Tapan Mitra. 2007. "Utilitarianism for Infinite Utility Streams: A New Welfare Criterion and Its Axiomatic Characterization." *Journal of Economic Theory* 133 (March): 350–373.

Becker, Gary S., Tomas J. Philipson, and Rodrigo R. Soares. 2005. "The Quantity and Quality of Life and the Evolution of World Inequality." *American Economic Review* 95, no. 1 (March): 277–291.

Beckerman, Wilfred. 1996. *Green-Colored Glasses: Environmentalism Reconsidered.* Washington, D.C.: Cato Institute.

Beltratti, Andrea, Graciela Chichilnisky, and Geoffrey Heal. 1993. "Sustainable Growth and the Green Golden Rule." NBER Working Paper No. 4430.

Blanchflower, David G., and Andrew J. Oswald. 2000. "Is the UK Moving Up the International Well-being Rankings?" Working Paper.

Borjas, George J. 1998. "The Economic Progress of Immigrants." NBER Working Paper No. 6506.

Bostrom, Nick. 2011. "Infinite Ethics." *Analysis and Metaphysics* 10: 9–59.

Bradbury, Ray. 1980. "A Sound of Thunder." In *The Stories of Ray Bradbury*. New York: Knopf.

Brandt, Richard, 1963. "Toward a Credible Theory of Utilitarianism." In *Morality and the Language of Conduct*, edited by H.N. Castaneda and G. Nakhnikian, 107–143. Detroit: Wayne State University Press.

Brennan, Geoffrey. 2007. "Discounting the Future, Yet Again." *Politics, Philosophy, and Economics* 6: 259–284.

Brennan, Geoffrey, and James M. Buchanan. 2000. *The Reason of Rules*. Indianapolis: The Liberty Fund.

Brickman, Philip, Dan Coates, and Ronnie Janoff-Bulman. 1978. "Lottery Winners and Accident Victims: Is Happiness Relative?" *Journal of Personality and Social Psychology* 36, no. 8: 917–927.

Broome, John. 1978. "Trying to Value a Life." *Journal of Public Economics* 9: 91–100.

Broome, John. 1982. "Uncertainty in Welfare Economics, and the Value of Life." In *The Value of Life and Safety*, edited by M.W. Jones-Lee. North-Holland Publishing Company.

Broome, John. 1994. "Discounting and Welfare." *Philosophy and Public Affairs* 23, no. 2 (Spring): 128–156.

Brown, Campbell. 2011. "Consequentialize This." *Ethics* 121, no. 4 (July): 749–771.

Buchanan, James M. "Politics Without Romance." 1984. In *The Theory of Public Choice II*, edited by J.M. Buchanan and Robert Tollison. Ann Arbor: University Press.

Buchanan, James M., and Roger L. Faith. 1979. "Trying Again to Value a Life." *Journal of Public Economics* 2: 245–248.

Bulman, Ronnie J., and Camille B. Wortman. 1977. "Attributions of Blame and Coping in the 'Real World': Severe Accident Victims React to Their Lot." *Journal of Personality and Social Psychology* 35, no. 5: 351–363.

Burch-Brown, Joanna M. 2014. "Clues for Consequentialists." *Utilitas* 26, no. 1 (March): 105–119.

Caplan, Bryan. 1999. "The Austrian Search for Realistic Foundations." *Southern Economic Journal* 65, no. 4 (April): 823–838.

Caplin, Andrew, and John Leahy. 2000. "The Social Discount Rate." NBER Working Paper No. 7983.

Castillo, Marco, Paul J. Ferraro, Jeffrey L. Jordan, and Petrie Ragan. 2011. "The Today and Tomorrow of Kids: Time Preferences and Educational Outcomes of Children." *Journal of Public Economics* 95, no. 11–12: 1377–1385.

Chang, Ruth, ed. 1997. *Incommensurability, Incomparability, and Practical Reason.* Cambridge: Harvard University Press.

Chang, Ruth. 2002. "The Possibility of Parity." *Ethics* 112 (July): 659–688.

Chichilnisky, Graciela. 1997. "What is Sustainable Development?" *Land Economics* 73, no. 4 (November): 467–491.

Chipman, John S., and James C. Moore. 1978. "The New Wel-fare Economics 1939–1974." *International Economic Review* 19, no. 3 (October): 547–584.

Clark, Kenneth. 1969. *Civilization.* New York: Harper & Row.

Comin, Diego, William Easterly, and Erick Gong. 2010. "Was the Wealth of Nations Determined in 1000 B.C.?" *American Economic Journal: Macroeconomics* 2, no. 3: 65–97.

Cowen, Tyler. 1992. "Consequentialism Implies a Zero Intergenerational Rate of Discount." In *Philosophy, Politics, and Society: Volume 6, Justice Between Age Groups and Generations*, edited by Peter Laslett and James Fishkin, 162–168. Yale University Press.

Cowen, Tyler. 1996. "What Do We Learn from the Repugnant Conclusion?" *Ethics* 106: 754–775.

Cowen, Tyler. 1997. "Discounting and Restitution." *Philosophy and Public Affairs* 26, no. 2 (April): 168–185.

Cowen, Tyler. 1998. In *Praise of Commercial Culture.* Cambridge: Harvard University Press.

Cowen, Tyler. 2004. "Policy Implications of Zero Discounting: An Exploration of Politics and Morality." *Social Philosophy and Policy* 21, no. 1: 121–140.

Cowen, Tyler. 2006. "The Epistemic Problem Does Not Refute Consequentialism." *Utilitas* 18, no. 4: 383–399.

Cowen, Tyler. 2005. "Resolving the Repugnant Conclusion." In *The Repugnant Conclusion: Essays on Population Ethics*, edited by J. Ryberg and T. Tannsjo, 81–98. Dordrecht: Kluwer Academic Publishers.

Cowen, Tyler. 2007. "Caring About the Distant Future: Why It Matters and What It Means." *The University of Chicago Law Review* (Winter): 5–40.

Cowen, Tyler. 2011. "Rule Consequentialism Makes Sense After All." *Social Philosophy and Policy* 28, no. 2 (July): 212–231.

Cowen, Tyler, and Derek Parfit. 1992. "Against the Social Discount Rate." In *Philosophy, Politics, and Society: Volume 6*, edited by Peter Laslett and James Fishkin, 144–161. New Haven: Yale University Press.

Cowley, Robert, Stephen E. Ambrose, and David McCullough. 2000. *"What If?" The World's Foremost Military Historians Imagine What Might Have Been.* Berkley Publishing Group.

Crowder, George. 2002. *Liberalism & Value Pluralism.* London: Continuum.

Deaton, Angus. 2007. "Income, Aging, Health, and Well-Being Around the World: Evidence from the Gallup World Poll." NBER Working Paper No. 13317.

Diener, Ed. 1984. "Subjective Well-Being." *Psychological Bulletin* 95: 542–575.

De Jouvenel, Bertrand. 1965. "Utopia for Practical Purposes." In *Utopias and Utopian Thought*, edited by Frank E. Manuel, 219–235. Boston: Beacon Press.

DeLong, Bradford J. 2009. "Lecture 2: Slow Growth and Poverty in the North Atlantic, 1800–1870." Unpublished paper.

Demsetz, Harold. 1969. "Information and Efficiency: Another Viewpoint." *Journal of Law and Economics* 12, no. 1: 1–22.

Diamond, Jared. 2005. *Collapse: How Societies Choose to Fail or Succeed.* New York: Penguin Group.

Diener, Edward, and Shigehiro Oishi. 2000. "Money and Happiness: Income and Subjective Well-Being Across Nations." In *Culture and Subjective Well-Being*, edited by E. Diener and M. Suh, 185–218. Cambridge: MIT Press.

Dollar, David, and Aart Kraay. 2000. "Growth Is Good for the Poor." World Bank Working Paper.

Dorsey, Dale. 2012. "Consequentialism, Metaphysical Realism, and the Argument from Cluelessness." *The Philosophical Quarterly* 246, no. 62 (January): 48–70.

Dryregov, Atle. 1990. "Crisis Intervention Following the Loss of an Infant Child." *Bereavement Care* 9: 32–36.

Dworkin, Ronald. 1980. "Is Wealth a Value?" *The Journal of Legal Studies* 9, no. 2: 191–226.

Easterlin, Richard A. 1995. "Will Raising the Incomes of All Increase the Happiness of All?" *Journal of Economic Behavior and Organization* 27: 35–47.

Easterly, William, and Sergio Rebelo. 1993. "Fiscal Policy and Economic Growth." *Journal of Monetary Economics* 32, no. 3: 417–58.

Epstein, Richard. 1997. *Simple Rules for a Complex World.* Cambridge: Harvard University Press.

Farmer, J. Doyne, and John Geanakoplos. 2009. "Hyperbolic Discounting Is Rational: Valuing the Far Future with Uncertain Discount Rates." Cowles Foundation Discussion Paper No. 1719.

Feldman, Fred. 1997. *Utilitarianism, Hedonism, and Desert.* Cambridge: Cambridge University Press.

Fernandez-Armesto, Felipe. 2001. *Civilizations: Culture, Ambition, and the Transformation of Nature.* New York: The Free Press.

Finer, S.E. 1999. *The History of Government from the Earliest Times, Volume I: Ancient Monarchies and Empires.* New York: Oxford University Press.

Fleurbaey, Marc, and Philippe Michel. 2003. "Intertemporal Equity and the Extension of the Ramsey Criterion." *Journal of Mathematical Economics* 39: 777–802.

Fogel, Robert William. 2004. *The Escape from Hunger and Premature Death, 1700–2100.* Cambridge: Cambridge University Press.

Frankfurt, Harry G. 1988. *The Importance of What We Care About: Philosophical Essays*. Cambridge: Cambridge University Press.

Frazier, Robert L. 1994. "Act Utilitarianism and Decision Procedures." *Utilitas* 50: 253–256.

Frederick, Shane. 2003. "Measuring Intergenerational Time Preference: Are Future Lives Valued Less?" *The Journal of Risk and Uncertainty* 26, no. 1: 39–53.

Frederick, Shane. 2005. "Cognitive Reflection and Decision Making." *Journal of Economic Perspectives* 19, no. 4 (Fall): 25–42.

Frederick, Shane. 2006. "Valuing Future Life and Future Lives: A Framework for Understanding Discounting." *Journal of Economic Psychology* 27: 667–680.

Frederick, Shane, and George Loewenstein. 1999. "Hedonic Adaptation." In *Well-Being: The Foundations of Hedonic Psychology*, edited by Daniel Kahneman, Ed Diener, and Norbert Schwarz, 302–329. New York: Russell Sage Foundation.

Frederick, Shane, George Loewenstein, and Ted O'Donoghue. 2002. "Time Discounting and Time Preference: A Critical Review." *Journal of Economic Literature* 40, no. 2: 351–401.

Frey, Bruno S., and Alois Stutzer. 2000. "Happiness, Economy and Institutions." *The Economic Journal* 110, no. 466: 918–938.

Frey, Bruno S., and Alois Stutzer. 2002. *Happiness and Economics*. Princeton and Oxford: Princeton University Press.

Friedman, Benjamin M. 2006. *The Moral Consequences of Economic Growth*. New York: Vintage.

Galston, William A. 2002. *Liberal Pluralism: The Implications of Value Pluralism for Political Theory and Practice*. Cambridge: Cambridge University Press.

Glazer, Amihai, and Lawrence S. Rothenberg. 2005. *Why Government Succeeds and Why It Fails*. Cambridge: Harvard University Press.

Goodin, Robert. 1995. *Utilitarianism as a Public Philosophy*. Cambridge: Cambridge University Press.

Gollier, Christian. 2013. *Pricing the Planet's Future: The Economics of Discounting in an Uncertain World*. Princeton: Princeton University Press.

Goodin, Robert E. 1995. *Utilitarianism as a Public Philosophy*. New York: Cambridge University Press.

Goodin, Robert E., Bruce Headey, Ruud Muffels, and Henk-Jan Dirven. 1999. *The Real Worlds of Welfare Capitalism*. Cambridge: Cambridge University Press.

Greiner, Alfred, Willi Semmler, and Gang Gong. 2005. *The Forces of Economic Growth: A Time Series Perspective*. Princeton: Princeton University Press.

Grier, Kevin B., and Gordon Tullock. 1989. "An Empirical Analysis of Cross National Economic Growth." *Journal of Monetary Economics* 22 (September): 259–76.

Griffin, James. 2008. *On Human Rights*. Oxford: Oxford University Press.

Harding, Robin, Richard McGregor, and Gabriel Muller. "U.S. Public Investment Falls to Lowest Level Since War." *Financial Times*, November 3, 2013.

Hayek, Friedrich A. 1991. *The Fatal Conceit: The Errors of Socialism*. Chicago: University of Chicago Press.

Heal, Geoffrey. 1998. *Valuing the Future: Economic Theory and Sustainability*. New York: Columbia University Press.

Heath, Joseph. 2013. "The Structure of Intergenerational Cooperation." *Philosophy and Public Affairs* 41, no. 1: 31–66.

Helliwell, John F. 2002. "How's Life? Combining Individual and National Variables to Explain Subjective Well-Being." NBER Working Paper No. 9065.

Helpman, Elhanan. 2004. *The Mystery of Economic Growth*. Cambridge: The President and Fellows of Harvard College.

Hoehn, John P., and Alan Randall. 1989. "Too Many Proposals Pass the Cost-Benefit Test." *American Economic Review* 79, no. 3 (June): 544–551.

Hooker, Brad. 2000. *Ideal Code, Real World: A Rule-Consequentialist Theory of Morality*. Oxford: Clarendon Press.

Howard-Snyder, Frances. 1997. "The Rejection of Objective Consequentialism." *Utilitas* 9, no. 2 (July): 241–248.

Huberman, Michael, and Chris Minns. 2007. "The Times They Are Not Changin': Days and Hours of Work in Old and New Worlds, 1870–2000." *Explorations in Economic History* 44: 538–567.

Huemer, Michael. 2005. *Ethical Intuitionism*. Palgrave Macmillan.

Huntington, Samuel P. 1996. *The Clash of Civilizations?: The Debate*. New York: Foreign Affairs.

Huntington, Samuel P. 2011. *The Clash of Civilizations and the Remaking of World Order*. New York: Touchstone.

Hurka, Thomas. 1993. *Perfectionism.* Oxford: Oxford University Press.

Hurley, Paul. 2009. *Beyond Consequentialism.* Oxford: Oxford University Press.

Ipcher, John, and Homa Zarghamee. 2011. "Happiness and Time Preference: The Effect of Positive Affect in a RandomAssignment Experiment." *American Economic Review* 101, no. 7 (December): 3109–3129.

Jones, Charles I., and Peter J. Klenow. 2016. "Beyond GDP?: Welfare Across Countries and Time." *American Economic Review* 106, no. 9: 2426–2457.

Jones-Lee, M.W., ed. 1982. *The Value of Life and Safety.* North-Holland Publishing Company.

Kagan, Shelley. 1998. *Normative Ethics.* Boulder: Westview Press.

Kagan, Shelly. 2011. "Do I Make a Difference?" *Philosophy and Public Affairs* 39, no. 2: 105–141.

Kahneman, Daniel, Paul Slovic, and Amos Tversky, eds. 1982. *Judgment Under Uncertainty: Heuristics and Biases.* Cambridge: Cambridge University Press.

Kahneman, Daniel, et al., 2006. "Would You Be Happier if You Were Richer? A Focusing Illusion." *Science* 312: 1908-1910.

Keeley, Lawrence H. 1996. *War Before Civilization: The Myth of the Peaceful Savage.* New York: Oxford University Press.

Kekes, John. 1993. *The Morality of Pluralism.* Princeton: Princeton University Press.

Kenny, Charles. 1999. "Does Growth Cause Happiness, or Does Happiness Cause Growth?" *Kyklos* 52, no. 1: 3–25.

Kessler, Ronald C., Richard H. Price, and Camille B. Wortman. 1985. "Social Factors in Psychopathology: Stress, Social Support, and Coping Processes." *Annual Review of Psychology* 36: 531–572.

Kolmar, Martin, and Hendrik Rommeswinkel. 2013. "On General Arguments about the Cluelessness Objection." Unpublished manuscript. University of St. Gallen.

Koopmans, Tjalling. 1960. "Stationary Ordinal Utility and Impatience." *Econometrica* 28: 287–309.

Kydland, Finn E., and Edward C. Prescott. 1977. "Rules Rather Than Discretion: The Inconsistency of Optimal Plans." *Journal of Political Economy* 85, no. 3 (June): 473–492.

Lakner, Christoph, and Branko Milanovic. 2014. "Global Income Distribution: From the Fall of the Berlin Wall to the Great Recession." VOX, CEPR's Policy Portal. Accessed 27 May.

Lane, Robert E. 1998. "The Joyless Market Economy." In *Economics, Values, and Organization*, edited by Avner

Ben-Ner and Louis Putterman, 461–490. New York: Cambridge University Press.

Lang, Gerald. 2008. "Consequentialism, Cluelessness, and Indifference." *The Journal of Value Inquiry* 42: 477–485.

LeBlanc, Steven A. 2003. *Constant Battles: The Myth of the Peaceful, Noble Savage*. New York: Macmillan.

Lehman, Darrin R., Camille B. Wortman, and Alan F. Williams. 1987. "Long-Term Effects of Losing a Spouse or Child in a Motor Vehicle Crash." *Journal of Personality and Social Psychology* 52, no. 1: 218–231.

Lenman, James. 2000. "Consequentialism and Cluelessness." *Philosophy and Public Affairs* 29, no. 4: 342–370.

Levinson, Arik. 2013. "Happiness, Behavioral Economics, and Public Policy." NBER Working Paper No. 19329.

Lind, Robert C., Kenneth J. Arrow, Gordon R. Corey, Partha Dasgupta, Amartya K. Sen, Thomas Stauffer, Joseph E. Stiglitz, and J.A. Stockfisch. 1982. *Discounting for Time and Risk in Energy Policy*. New York: Resources for the Future.

Lindert, Peter H. 2004. *Growing Public, Vol. I*. Cambridge: Cambridge University Press.

Lucas, Robert E. 1988. "On the Mechanics of Economic Development." *Journal of Monetary Economics* 22: 3–42.

Lyons, David. 1965. *Forms and Limits of Utilitarianism*. Oxford: Clarendon Press.

MacAskill, William. 2014. "Normative Uncertainty." PhD diss., St. Anne's College, Oxford University.

Mackie, J.L. 1985. *Persons and Values: Selected Papers, Vol. II*. Oxford: Clarendon Press.

Mahoney, Paul. 2001. "The Common Law and Economic Growth: Hayek Might Be Right." *Journal of Legal Studies* 30, no. 2: 503–525

Mason, Elinor. 2004. "Consequentialism and the Principle of Indifference." *Utilitas* 16, no. 3 (November): 317–321.

Meade, James E. 1962. "The Effect of Savings on Consumption in a State of Steady Growth." *Review of Economic Studies* 29, no. 3 (June): 227-234.

Melko, Matthew. 1969. *The Nature of Civilizations*. Boston: Sargent.

Meyer, C. Buf, and Shelley E. Taylor. 1986. "Adjustment to Rape." *Journal of Personality and Social Psychology* 50, no. 6: 1226–1234.

Mill, John Stuart. 1958 [1861]. *Considerations on Representative Government*. New York: Bobbs-Merrill.

Mill, John Stuart. 1969 [1852]. "Whewell on Moral Philosophy." In *Essays on Ethics, Religion and Society*, edited by J.M. Robson, 165–202. Toronto: University of Toronto Press.

Mischel, Walter, Yuichi Shoda, and Monica L. Rodriguez. 1989. "Delay of Gratification in Children." *Science*, May 26, 1989.

Moffitt, Terrie E., et al. 2011. "A Gradient of Childhood Self-Control Predicts Health, Wealth, and Public Safety,"

Proceedings of the National Academy of Sciences of the United States of America 108, no. 7: 2693–2698.

Moller, Dan, 2011. "Wealth, Disability, and Happiness."

Philosophy and Public Affairs 39, no. 2: 177–206.

Moriarty, Jeffrey. 2005. "The Epistemological Argument Against Desert." *Utilitas* 17, no. 2: 205–221.

Myers, David G. 2000. "The Funds, Friends, and Faith of Happy People." *American Psychologist* 55, no. 1: 56–67.

Nagel, Thomas. 1986. *The View from Nowhere*. Oxford: Oxford University Press.

Nefsky, Julia. 2012. "Consequentialism and the Problem of Collective Harm: Reply to Kagan." *Philosophy and Public Affairs* 39, no. 4: 365–395.

Norcross, Alastair. 1990. "Consequentialism and the Unforeseeable Future." *Analysis* 50: 253–256.

North, Douglass C. 1981. *Structure and Change in Economic History*. W.W. Norton & Co.

North, Douglass C., and Robert Paul Thomas. 1976. *The Rise of the Western World: A New Economic History*. Cambridge: Cambridge University Press.

Nozick, Robert. 1974. *Anarchy, State, and Utopia*. New York: Basic Books.

O'Driscoll, Gerald P. Jr., and Mario Rizzo. 1996. *The Economics of Time and Ignorance*. Routledge.

Olson, Mancur. 1984. *The Rise and Decline of Nations*. New Haven: Yale University Press.

Oswald, Andrew J. 1997. "Happiness and Economic Performance." *The Economic Journal* 107, no. 445: 1815–1831.

Oulton, Nicholas. 2012. "Hooray for GDP!" Unpublished manuscript. London School of Economics.

Parfit, Derek. 1984. *Reasons and Persons*. Oxford: Clarendon Press.

Parfit, Derek. 1986. "Overpopulation and the Quality of Life." In *Applied Ethics*, edited by Peter Singer. New York: Oxford University Press.

Parfit, Derek. 2011. *On What Matters, Volumes I and II*. Oxford: Oxford University Press.

Persson, Torsten, and Guido Tabellini. 1994. "Is Inequality Harmful for Growth?" *American Economic Review* 84, no. 3: 600–621.

Pettit, Philip. 1997. "The Consequentialist Perspective." *In Three Methods of Ethics: A Debate*, edited by Marcia Baron, 92–174. Malden: Blackwell.

Phelps, Edmund S. 1961. "The Golden Rule of Accumulation: A Fable for Growthmen." *American Economic Review* 51, no. 4 (September): 638–643.

Pinker, Steven. 2018. *Enlightenment Now: The Case for Reason, Science, Humanism, and Progress*. New York: Viking Press.

Posner, Richard A. 2004. *Catastrophe: Risk and Response*. New York: Oxford University Press.

Price, Colin. 1993. *Time, Discounting, and Value*. Oxford: Blackwell.

Pritchett, Lant. 1997. "Diverge, Big Time." *Journal of Economic Perspectives* 11, no. 3: 3–17.

Quine, Willard van Orman. 1953. *From a Logical Point of View*. Cambridge: Harvard University Press.

Railton, Peter. 1984. "Alienation, Consequentialism, and the Demands of Morality." *Philosophy and Public Affairs* 13: 134–71.

Ramsey, Frank. 1928. "A Mathematical Theory of Saving." *Economic Journal* 38: 543–559.

Rand, Ayn. 1967. *Capitalism: The Unknown Ideal*. New York: Signet Books.

Rangel, Antonio. 2000. "Forward and Backward Intergenerational Goods: A Theory of Intergenerational Exchange." NBER Working Paper No. 7518.

Rawls, John. 1993. *Political Liberalism*. New York: Columbia University Press.

Rawls, John. 1999. *A Theory of Justice*. Cambridge: Belknap Press of Harvard University Press.

Regan, Donald. 1980. *Utilitarianism and Cooperation.* Oxford: Clarendon Press.

Rees, William E. 2003. "Energy, Evolution and Civilization: The Global Context." Invited paper to Energy, Environment and Society: Making Choices, the 2003 Annual Symposium of the Royal Society of Canada. Ottawa, Ontario, November 25.

Romer, David. 2000. *Advanced Macroeconomics*. New York: Mcgraw-Hill.

Romer, Paul M. 1986. "Increasing Returns and Long-Run Growth." *Journal of Political Economy* 94: 1002–1037.

Romer, Paul M. 1990. "Endogenous Technological Change." *Journal of Political Economy* 98: S71–S102.

Rorty, Richard. 1989. *Contingency, Irony, and Solidarity*. Cambridge: Cambridge University Press.

Sacks, Daniel W., Betsey Stevenson, and Justin Wolfers. 2010. "Subjective Well-Being, Income, Economic Development, and Growth." NBER Working Paper No. 16441.

Sakai, Toyotaka. 2003. "Intergenerational Preferences and Sensitivity to the Present." *Economics Bulletin* 4, no. 26: 1–5.

Sala-i-Martin, Xavier X. 1997. "I Just Ran Two Million Regressions." *American Economic Review* 87, no. 2 (May): 178–183.

Scarre, Geoffrey. 1996. *Utilitarianism*. New York: Routledge.

Scheffler, Samuel. 1982. *The Rejection of Consequentialism*. Oxford: Clarendon Press.

Schneewind, J.B. 1977. *Sidgwick's Ethics and Victorian Moral Philosophy*. Oxford: Clarendon Press.

Schwarz, Norbert, and Fritz Strack. 1999. "Reports of Subjective Well-Being: Judgmental Processes and their Methodological Implications." In *Well-Being: The Foundations of Hedonic Psychology*, edited by Daniel Kahneman, Ed Diener, and Norbert Schwarz, 61–84. New York: Russell Sage Foundation.

Scully, Matthew. 2003. *Dominion: The Power of Man, the Suffering of Animals, and the Call to Mercy*. New York: St. Martin's.

Sen, Amartya. 1984. *Resources, Values and Development*. Cambridge: Harvard University Press.

Sidgwick, Henry. 1962 [1906]. *The Methods of Ethics*. Chicago: The University of Chicago Press.

Singer, Peter. 1003. *Practical Ethics*. Cambridge: Cambridge University Press.

Slote, Michael. 1992. *From Morality to Virtue*. Oxford: Oxford University Press.

Smart, J.C.C., and Bernard Williams. 1973. *Utilitarianism: For and Against*. Cambridge: Cambridge University Press.

Solow, Robert M. 1956. "A Contribution to the Theory of Economic Growth." *Quarterly Journal of Economics* 70, no. 1: 65–94.

Solow, Robert M. 1957. "Technical Change and the Aggregate Production Function." *The Review of Economics and Statistics* 39, no. 3: 312–320.

Solow, Robert M. 1974. "The Economics of Resources or the Resources of Economics." *American Economic Review* 64: 1–14.

Stanczyk, Lucas. 2012. "Productive Justice." *Philosophy and Public Affairs* 40, no. 2.

Stroebe, Margaret S., Robert O. Hansson, Wolfgang Stroebe, and Henk Schut, eds. 2001. *Handbook of Bereavement Research: Consequences, Coping, and Care.* Washington, D.C.: American Psychological Association.

Spolaore, Enrico, and Romain Wacziarg. 2013. "How Deep are the Roots of Economic Development?" *Journal of Economic Literature* 51, no. 2: 325–369.

Stevenson, Betsey, and Justin Wolfers. 2008. "Economic Growth and Subjective Well-Being: Reassessing the Easterlin Paradox." *Brookings Papers on Economic Activity* (Spring): 1–102.

Stevenson, Betsey, and Justin Wolfers. 2013. "Subjective Well-Being and Income: Is There Any Evidence of Satiation?" NBER Working Paper No. 18992.

"Symposia: New Growth Theory." 1994. *Journal of Economic Perspectives* 8, no. 1: 3–72.

Temkin, Larry S. 1987. "Intransitivity and the Mere Addition Paradox." *Philosophy and Public Affairs* 25, no. 3 (Spring): 175–210.

Temkin, Larry S. 1996. "A Continuum Argument for Intransitivity." *Philosophy and Public Affairs* 25, no. 3 (Summer): 175–210.

Temple, Jonathan. 1999. "The New Growth Evidence." *Journal of Economic Literature* 37 (March): 112–156.

Toynbee, Arnold J. 1987. *A Study of History, Vols. 1–2*. New York: Oxford University Press.

Tsai, Kellee. 2006. "The Wenzhou and Kerala Models." *Indian Journal of Economics and Business* (Special Issue China & India): 47–67.

Uzawa, Hirofumi. 1965. "Optimum Technical Change in an Aggregative Model of Economic Growth." *International Economic Review* 6: 18–31.

Vallentyne, Peter. 1993. "Utilitarianism and Infinite Utility." *Australasian Journal of Philosophy* 71: 212–217.

Vallentyne, Peter. 1995. "Infinite Utility, Anonymity and Person-Centeredness." *Australasian Journal of Philosophy* 73: 212–217.

Vallentyne, Peter, and Shelly Kagan. 1997. "Infinite Value and Finitely Additive Value Theory." *Journal of Philosophy* 94: 5–26.

Van Inwagen, Peter. 1983. *An Essay on Free Will*. Oxford: Clarendon Press.

Väyrynen, Pekka. 2006. "Moral Generalism: Enjoy in Moderation." *Ethics* 116, no. 4 (July): 707–741.

Venkatraman, Triyakshana. 2009. "The Kerala Paradox." *Indian Journal of Economics and Business* 8, no. 1: 43–54.

Wall, Steven. 1998. *Liberalism, Perfectionism, and Restraint*. Cambridge: Cambridge University Press.

Weiss, Ron. 1987. "Wrongful Birth and Wrongful Life: In Search of a Logical Consistency." *Annual Survey of American Law* 2: 507–522.

Weitzman, Martin L. 1998. "Why the Far-Distant Future Should Be Discounted at Its Lowest Possible Rate." *Journal of Envi- ronmental Economics and Management* 36: 201–208.

Weitzman, Martin L. 2001. "Gamma Discounting." *American Economic Review* 91, no. 1: 260–271.

Weitzman, Martin L. 2012. "The Ramsey Discounting Formula for a Hidden-State Stochastic Growth Process." NBER Working Paper No. 18157.

Wenar, Leif. 2013. "The Nature of Claim Rights." *Ethics* 123, no. 2 (January): 202–229.

Wildasin, David E. 1988. "Indirect Distributional Effects in Benefit-Cost Analysis of Small Projects." *The Economic Journal* 98 (September): 801–807.

Williamson, Timothy. 2003. "Vagueness in Reality." In *Oxford Handbook of Metaphysics*, edited by Michael Loux and Dean

W. Zimmerman, 690–716. Oxford: Oxford University Press.

Wirtz, Phillip W., and Adale V. Harrell. 1987. "The Effects of Threatening Versus Non-Threatening Previous Live Events on Levels of Fear in Rape Victims." *Violence and Victims* 2, no. 2: 89–98.

Wolf, Susan. 1982. "Moral Saints." *Journal of Philosophy* 79: 419–39.

Wortman, Camille B., and Roxane Cohen Silver. 1987. "Coping with Irrevocable Loss." *In Cataclysms, Crises, and Catastrophes: Psychology in Action*, edited by Gary Van den Bos and Brenda Bryant, 185–235. Washington, D.C.: American Psychological Association.

Wortman, Camille B., Collette Sheedy, Vicki Gluhoski, and Ron Kessler. 1992. "Stress, Coping, and Health: Conceptual Issues and Directions for Future Research." *In Hostility, Coping, and Health*, edited by Howard S. Friedman, 227–256. Washington, D.C.: American Psychological Association.

Un prejuicio arraigado a Yonas

Una de las temáticas de *El imperativo moral del crecimiento económico* es que el crecimiento económico en países más ricos ha tenido efectos positivos que se han derramado a los individuos pobres en todo el mundo. Si piensa de esta publicación como una forma de incrementar el PIB/crecimiento económico, quisiera incrementar sus efectos positivos globales. También argumento en *El imperativo moral del crecimiento económico* que en el margen deberíamos ser más caritativos y altruistas. ¡Y eso me incluye a mí!

Entonces, habiendo escrito *El imperativo moral del crecimiento económico,* ahora quisiera vivir el libro por así decirlo. **Estoy donando las ganancias del libro a un hombre que conoce en Etiopia este año en un viaje de investigación a principios de este año.** Voy a llamarlo Yonas (no es su nombre real).

Es un hombre de medios modestos, pero aspira a abrir su propia agencia de viajes. Tiene una familia joven y en crecimiento, y también una madre a la que mantener. También quisiera comprar una casa grande para acomodar a su familia en crecimiento. En su vida, enfrenta estrés—financiero y de otros tipos—que yo nunca he tenido que enfrentar. Cuando visite su casa, su esposa había recién dado a luz a una nueva bebita, pero el ingreso de Yonas depende de las vicisitudes de la demanda de turismo, y por estándares americanos es bastante bajo.

Conocí a Yonas cuando fue mi guía turístico en Lalibela. Pase un día completo con el paseando las Iglesias subterráneas de piedras excavadas de esa ciudad. Me pareció fidedigno, consciente, bien informado, y estaba impresionado por la calidad de su inglés, que él había aprendido por su cuenta. También me llevo a su aldea a conocer a su familia, y realizaron una ceremonia del café para mí, y cocinaron granos de café recién molidos, (estuvo delicioso, algo que jamás hubiera imaginado). Basado en mis impresiones de ese día, creo que una inversión en Yonas va a ayudar a su familia entera y tal vez a su comunidad también. Desde entonces, nos hemos mantenido en contacto por email.

Como otra manera de vivir el contenido de mi libro, voy a mandar los fondos a través de Stripe, Stripe Press siendo la editorial de este libro. Stripe, una compañía de tecnología y pagos que construye infraestructura para el internet realmente ha facilitado mandar dinero internacionalmente, ayudando así a entretejer a todo el mundo. Espero que algún día Yonas pueda empezar su propia agencia de viajes, o lo que sea que quiera lograr, con la ayuda de Stripe Atlas.

Supongo que esto significa que voy a permanecer obstinadamente apegado a Yonas. Y con esta publicación, Stripe Press esta obstinadamente apegada a mí.

—Tyler Cowen

Made in the USA
Monee, IL
05 November 2026

67383960R00125